GÜTERSLOHER
VERLAGSHAUS

KINDER GOTTES DIENST 2015

Mit Kindern Glauben feiern und verstehen

praktisch

Eine Arbeitshilfe zum Plan für den Kindergottesdienst

Herausgegeben von Urd Rust

unter Mitarbeit von Susanne Betz, Doris Dirwald, Karl-Heinz Dirwald, Christine Grans, Marie-Luise Helm, Volker Horstmeier, Beate-Michaela Jöst, Brigitte Messerschmidt, Gottfried Mohr, Kerstin Othmer-Haake, Anke Schäfer, Jutta Schitter, Dirk Schliephake, Jochem Westhof und Christine Wolf.

Gütersloher Verlagshaus

Bibliografische Information der Deutschen Nationalbibliothek
Die Deutsche Nationalbibliothek verzeichnet diese Publikation in der Deutschen Nationalbibliografie; detaillierte bibliografische Daten sind im Internet über https://portal.dnb.de abrufbar.

FSC
www.fsc.org
MIX
Papier aus verantwortungsvollen Quellen
FSC® C005833

Verlagsgruppe Random House FSC® N001967
Das für dieses Buch verwendete FSC®-zertifizierte Papier *Munken Premium Cream* liefert Arctic Paper Munkedals AB, Schweden.

1. Auflage

Umschlagmotiv: © Michaela Steininger – Fotolia.com
Satz: Satz!zeichen, Landesbergen
Druck und Einband: Těšínská tiskárna, a.s., Český Těšín
Printed in Czech Republic
ISBN 978-3-579-07491-7

www.gtvh.de

Inhaltsübersicht 2015

Folgende Liederbücher finden im Rahmen der Kindergottesdienstarbeit immer wieder Verwendung. Auf sie wird innerhalb einzelner Beiträge hingewiesen:

KG	Andreas Ebert, Das Kindergesangbuch …, München 1998
KiKiHits	Reinhard Horn u.a., Kinder-Kirchen-Hits, Lippstadt 2008
KIMMIK 1 u. 2	Liederheft *Kirche mit Kindern* (KIMMIK 1 und 2), Arbeitsstelle Kindergottesdienst der Ev. Kirche Hannover, Hildesheim
MKL 1 u. 2	Menschenkinderlieder Band 1 und 2, Zentrum für Verkündigung, Frankfurt a.M.

Vorwort

Liebe Mitarbeitende in der Kirche mit Kindern,

wieder ist ein Band unseres kreativen Vorbereitungsbuches fertig. Die Zusammenstellung der verschiedenen Beiträge war wie immer voller Überraschungen und hat mir viel Freude gemacht. Auch in diesem *Kindergottesdienst praktisch-Band*, der Materialien für die Kindergottesdienste im Jahr 2015 bietet, haben die NutzerInnen unseres Buches die Möglichkeit, sich Zusatzmaterial aus dem Internet herunter zu laden. Im Buch weist das Symbol darauf hin, dass auf der Website www.kindergottesdienst-praktisch.de (Passwort: KiGo#2015) farbige Fotos, Bastelanleitungen, Kopiervorlagen, weitere liturgische oder kreative Ideen oder Ähnliches zu finden sind.

Wieder haben sich erfahrene und kreative Menschen aus der Kirche mit Kindern viele Gedanken gemacht und keine Mühen gescheut, um passend zur Reihe des *Plans für den Kindergottesdienst* bunte Gottesdienste zu entwickeln und entsprechende Bausteine zu Papier zu bringen. Man spürt das Engagement und die individuelle Kreativität der AutorInnen schon beim ersten Durchblättern. Gleichzeitig entsteht vor dem inneren Auge ein Bild der vorgestellten Gottesdienste. So will unser Buch hilfreiche Vorbereitung sein.

Handfest und richtig etwas für Jungen sind die Vorschläge von Jochem Westhof (Trotzig wie Jona) und Volker Horstmeier (Ohne Josef geht es nicht). Eine starke Symbol-Gestaltung der Elia-Elisa-Reihe bietet die Mantel-Idee von Anke Schäfer. Die Zeitfresserchen von Marie-Luise Helm aus der Gottesdienstreihe über die Zeit sind sicher nicht nur etwas für die Kleinen. Pilgernd können wir mit der Sommer-Einheit von Beate-Michaela Jöst auf Schatzsuche gehen. Das sind nur einige Beispiele der kreativen und vielfältigen Ideensammlung, die Sie in diesem Band finden.

Ich möchte mich herzlich bei allen bedanken, die andere an ihrer Kreativität teilhaben lassen.

Und nun viel Freude beim Stöbern, Auswählen und Vorbereiten. Die Gottesdienste und Aktionen mit den Kindern seien gesegnet mit dem kreativen, fröhlichen, schwungvollen Geist Gottes, der uns miteinander leben und feiern lässt! In diesem Sinne wünsche ich eine reich gesegnete Zeit,

Ihre
Urd Rust, Herausgeberin

Schwellen überschreiten – zum Leben befreit

04.01.2015
(2. Sonntag nach Weihnachten)
Taufe Jesu
(Markus 1,1–11)

11.01.2015
(1. Sonntag nach Epiphanias)
Versuchung Jesu
(Markus 1,12–13)

18.01.2015
(2. Sonntag nach Epiphanias)
Berufung der ersten Jünger
(Markus 1,16–20)

25.01.2015
(letzter Sonntag nach Epiphanias)
Kapernaum
(Markus 1,21–28)

Jesus Christus kommt als Menschensohn und zugleich als Messias (Gottessohn) gleichsam »von oben herab« zu den Menschen. Er lässt sich von Johannes im Jordan taufen. Der Ort der Taufe ist ungefähr 400 m unter dem Meeresspiegel. Gott begibt sich in Jesus Christus in die Tiefe (geografisch), ganz nach unten, um wieder aufzutauchen. Diese Bewegung, die so aussieht wie eine Parabel, ist ein Muster für das Markusevangelium. In vielen Geschichten geht es darum, von oben nach unten und aus der Tiefe wieder nach oben zu kommen. Das gipfelt im Kreuzestod (tiefste Tiefe) und der Auferweckung (höchste Höhe). Eine Parabel eignet sich als durchgehendes »Bild« der vier Geschichten. Ganz unten befindet sich Jesus in der Situation der Versuchung; aus der Unten-Position des Alltags werden auch die Jünger herausgerufen, Jesus zu folgen. In jeder Heilungsgeschichte ist der Mensch erst einmal am Boden, aber Jesus Christus richtet ihn wieder auf, heilt ihn. Die Taufe holt uns aus dem vergänglichen Leben. Beim Untertauchen nimmt man symbolisch den Tod vorweg und beim Auftauchen die Befreiung zum Leben, zum ewigen Leben. Die Auf- und Abbewegung bei der früher – und heute noch in einzelnen Fällen – geläufigen Taufpraxis wird die Anteilnahme an Tod und Auferweckung anschaulich.
In der liturgischen Gestaltung und in den Erzählungen der Reihe sollte diese Parabel-Bewegung auch deutlich werden. Vielleicht können die Geschichten an den entscheidenden Stellen entsprechend pantomimisch begleitet werden. Der Schwerpunkt der Reihe liegt bei der Taufe.

Zusammenkommen – sich Gott zuwenden

Votum

Wir feiern Gottesdienst im Namen Gottes, er ruft uns und hört uns,
im Namen Jesu, der uns durch den Tod ins Leben vorausgegangen ist,
und im Namen des Heiligen Geistes, der uns die Kraft zum Glauben schenkt. Amen.

Psalm

Psalm 121 (Ich hebe meine Augen auf zu den Bergen …) und Psalm 130 (Aus der Tiefe rufe ich zu dir …) zeigen die Bewegung von unten nach oben. »Von oben« kommt Gottes Hilfe. Für die ersten beiden Sonntage kann der eine, für die anderen beiden Sonntage der andere Psalm gebetet werden, gern in eigener Übertragung und Auszügen. Körperlich kann man sich beim Gebet aus der Hocke langsam aufrichten und dann die Arme nach oben heben.

Klage und Lob

Während der Klagegebetsanliegen machen sich alle ganz klein und gehen in die Hocke, bei der Gnadenzusage stehen alle langsam auf, entfalten sich und recken sich dem Himmel entgegen. In der Haltung kann dann noch ein Loblied folgen, z. B. Halleluja, preiset den Herrn (KiKiHits 71)

Gott, du bist das Leben,
darum bitten wir dich: Rette, was vergeht,
behalte in deinen Händen, was stirbt,
heile, was zerstört ist, und erbarme dich.
Lied: Herr, erbarme dich (EG 178,10)
Gott, du bist die Liebe,
tröste die Traurigen, versöhne die Getrennten,
bewahre alles Leben und erbarme dich.
Lied: Herr, erbarme dich (EG 178,10)
Gott, du bist Licht und Gnade.
Hilf, dass wir helfen und dass uns geholfen wird.
Steh den Einsamen bei und schenke den Erschöpften Kraft.
Gott, bitte, bleib bei uns und erbarme dich.
Lied: Herr, erbarme dich (EG 178,10)

Nehmt einander an, wie Christus euch angenommen hat zu Gottes Lob.
Röm 15,7 (Jahreslosung 2015) oder
Du tust mir kund den Weg zum Leben: Vor dir ist Freude die Fülle und Wonne zu deiner Rechten ewiglich. Ps 16,11 (Monatslosung Januar 2015). **Amen.**
Loblied (s. o.)

Hören – Antworten

Bekenntnis

Ich glaube an Gott,
er hat die Welt und die Menschen erschaffen,
Himmel und Erde, dich und mich.
Ich glaube an seinen Sohn Jesus Christus,
er ist für uns als Kind auf die Welt gekommen,
er hat für uns den Tod erlitten und überwunden,
er ist auferstanden und lebt.
Ich glaube an den Heiligen Geist.
Wir gehören zu einer Gemeinschaft,
durch den Glauben sind wir miteinander
verbunden und Gott ist bei uns.
Amen.

Aus: Stefan Zeipelt und Kerstin Othmer-Haake, Das ist Taufe, Westf. Verband für Kindergottesdienst, Villigst.

Feiern – Teilen

Der Taufe folgt die Einladung zur Nachfolge; auf dem Weg der Nachfolge steht der Tisch des Herrn, an den wir zur Stärkung mit Brot und Kelch eingeladen sind. Deshalb ist es stimmig, zur Stärkung der »Aufwärtsbewegung« miteinander Brot und Saft zu teilen. Während im ersten Gottesdienst Tauferinnerung gefeiert werden kann, wird ein gemeinsames Stärkungsmahl sowohl Jesu himmlische Versorgung durch Engel als auch den gemeinsamen Aufbruch der Jünger und des Geheilten vertiefen.

Sendung – Segen

Segenslied

Mit Liebe uns umhülle

Text: Ulrich Walter, Melodie: Reinhard Horn, aus: Buch/CD »Mit dem Friedenskreuz durch das Kirchenjahr«,

Kurzgeschichte

Die Schwimmbadgeschichte kann die biblischen Erzählungen von Taufe und Versuchung ergänzen und zum Gespräch anregen. Inwieweit hat sie mit Taufe und Versuchung zu tun?

Bei uns daheim – Schwimmbaderlebnis

Als ich ein kleiner Junge war, trieb es mich, ich weiß nicht mehr warum, im Freibad aufs Drei-Meter-Brett. Ich kletterte die Leiter hoch, lief nach vorne und schaute hinab. Mich schauderte. Ich war ein sehr kleiner Junge, und die Wasseroberfläche sehr, sehr weit weg. Einen Sprung in diese Tiefe zu wagen, könnte ein lebensgefährliches Unterfangen werden, dachte ich mir. Aber dann bin ich ohne allzu langes Zögern doch gesprungen. Nicht, weil ich so mutig, sondern weil ich so ängstlich war.

Die Angst vor der Blamage war größer als die Angst vor der Tiefe. Ich wusste: Es ist furchtbar, aber es geht schnell. Wohingegen der Rückzug vorbei an dreißig Wartenden

ein schier endloses Martyrium geworden wäre. Ich war ein zu kleiner Junge, um ein Wort wie Martyrium zu kennen, aber was mich erwartet hätte, das wusste ich auch ohne das passende Vokabular: schmerzlichste Schande, pandämonische Peinlichkeit. Mir ist bei dem Sprung nichts geschehen. Das ist schon lange her. Aber was mir damals dämmerte, ist noch heute meine feste Überzeugung: Mut zur Offensive ist meistens nur Angst vor dem Rückzug. Die Scham treibt uns ins Risiko. Unsere Eitelkeit, also die Rücksichtnahme auf das Urteil anderer, führt zur Unvernunft. In diesem Sinne bleiben zumindest wir Männer immer kleine Jungen. Wie blöd. Oder vielleicht doch nicht so blöd. Denn letztlich war es ja gut, dass ich mich Fuß voraus vom Brett fallen ließ. Es zog mich zwar nicht sofort wieder mit Begeisterung hinauf zum nächsten Versuch, aber jetzt wusste ich: Im Notfall geht's schon. Das hat mir insgesamt gut getan.
Meine weiteren Erkenntnisse: Mut ist eine Illusion. Scham und Angst bringen einen voran. Abwärts geht's aufwärts. Und: Vor einem Sprung ins Wasser sollte man prüfen, ob man schwimmen kann. Konnte ich als kleiner Junge nämlich nicht. Ich musste mich aus dem Becken retten lassen. War das vielleicht peinlich!

Harald Ries

Kreative Ideen

2. Sonntag nach Weihnachten

Suchbild
zum Unterschiede finden und Ausmalen. Es sind 9 Fehler (3 x 3).

Zeichnungen: © Rüdiger Pfeffer, illu@ruedigerpfeffer.de

E-Mail von Gott

Die »E-Mail« von Gott für dich ist als »Give-away« für zu Hause gedacht (Textvorlage des gesamten Textes im Internet, siehe Vorwort) und soll für jedes Kind auf festes Papier kopiert und ausgeschnitten werden.

E-Mail für Dich – Taufe

Von: **GOTT**
Betreff: **Taufe**
An: **DICH**

Als ich dich durch deine Eltern geschaffen habe, du aus dem Bauch deiner Mutter hervorkamst, habe ich gedacht: du bist kein Durchschnittsmensch, bei dem jede Abweichung ein Fehler ist. Wenn ich ein Mensch wäre, würde ich so aussehen wie du. Ich habe dich so geschaffen, dass du mir ganz ähnlich bist und mir gefällst: schön und einzigartig. Niemand auf der Welt soll dir gleichen. Wer genau hinschaut, soll merken, dass du unverwechselbar bist.

Auch wenn die Nabelschnur durchschnitten ist, bleibst du mit deiner Mutter verbunden. Außerdem wirst du Im Laufe deines Lebens merken, dass du manche Eigenheiten deines Vaters so übernimmst, dass sie zu deinen eigenen werden. So sollen andere Menschen an dir erkennen, dass du zu mir gehörst. Wie zwei unterschiedliche Socken, die du versehentlich angezogen hast, aber doch ein zusammenhängendes Paar Füße bedecken, werden auch wir immer zusammengehören.

Ich werde immer bei dir sein, auch wenn du mich nicht siehst. Spüren wirst du mein Dasein wie im Wasser der Taufe.

Du wirst dich verändern und die Menschen um dich herum werden sich verändern.

Nicht alle werden die Bewegungen deines Lebens mitmachen, aber alle Bewegungen werde ich begleiten. Freundinnen und Freunde verlierst du aus dem Blick und gewinnst neue. Interessen, die heute wichtig sind, werden morgen durch andere ersetzt.

Und ich? Ich könnte noch so viel über mich erzählen, das würde Bücher füllen. Und es wäre zu viel für einmal. Du kannst mehr über mich erfahren, jeden Tag ein kleines Stück, so dass du am Ende deines Lebens sagen kannst: Jetzt weiß ich viel über dich, aber immer noch nicht alles.

Du bist meine gewünschte Zielperson.

Dein dich liebender
Gott

Kerstin Othmer-Haake nach einer Idee von Helmut Steffenhagen

Stichworte:
Taufe, Nachfolge, Mahlfeier, Stärkungsmahl, Psalmen, Klage, Lob

Kerstin Othmer-Haake

Trotzig wie Jona!

01.02.2015
(Septuagesimae)
Jona will nicht!
Jonas Flucht vor Gott
(Jona 1–2)

08.02.2015
(Sexagesimae)
Jona muss gehorchen – schlechte Nachrichten für Ninive
(Jona 3)

15.02.2015
(Estomihi)
Hab ich ja gesagt! Jona mault, weil Gott mal wieder gütig ist ...
(Jona 4)

»Jona« ist eine bekannte Geschichte. Jedenfalls der erste Teil, die Sache mit dem Fisch, ist auch nichtkirchlichen Menschen vertraut. Die Geschehnisse in der Stadt Ninive (die für Israel als Ausbund des Bösen galt) sind weniger bekannt, behandeln aber ein zentrales Thema: Gottes Gnade.
Und so entwickelt die Jona-Geschichte zwei große Themen:

- Das Verhalten des Jona, der seiner Aufgabe ausweicht. Er verliert dadurch immer mehr den Boden unter den Füßen und kommt endlich – symbolisiert durch den Fisch – in eine große Krise. Jona steht für das Verhalten Israels und hält auch uns einen Spiegel vors Gesicht. Erst als Jona ausweglos im Fisch gefangen ist, nimmt er seinen Auftrag an. (Jona 1+2)
- Das Verhalten Gottes, der nicht trotzig an seiner Drohung festhält, sondern dem die Gnade und das Leben wichtiger sind als Prinzipien. Er verschont die Stadt Ninive. Er verhält sich genau entgegengesetzt zu Jona. (Jona 3+4) Dies wird auch in der kleinen Episode vom Rizinusstrauch deutlich, für deren Verständnis aber Abstraktionsvermögen nötig ist. Deshalb würde ich diese Episode nur mit größeren Kindern behandeln.

Wenn wir das Jona-Buch in *einem* Kindergottesdienst behandeln, sollten wir uns zwischen diesen beiden Themenblöcken entscheiden. Für beide sind in dieser Einheit Vorschläge und Ideen gesammelt.

Liturgische Gestaltung

Zusammenkommen – sich Gott zuwenden

Psalmtext

Hier bietet sich das Gebet des Jona im Fischbauch an (Jona 2,3–10), entweder im Originaltext oder abgewandelt und mit einem persönlichen Zuspruch ergänzt:

Ich falle.
Bis in die Unterwelt falle ich, bis ins tiefste Dunkel. –
Doch ich weiß, du holst mich heraus, Gott.
(Wir hören einen hellen Ton, z.B. von einer Triangel)

Ich falle.
Ich falle in tiefes Wasser, es schlägt schon über mir zusammen,
das Schilf wächst schon um meinen Kopf.
Doch ich weiß, du holst mich heraus, Gott, bevor mir die Luft ausgeht.
(Wir hören einen hellen Ton, z. B. von einer Triangel)

Ich falle.
Ich falle in die Erde, tiefer und tiefer, zu den Wurzeln der Berge falle ich.
Wie soll ich wieder herauskommen? –
Ich will dich loben, denn ich weiß, du holst mich aus der Tiefe wieder heraus.
(Wir hören einen hellen Ton, z.B. von einer Triangel)

Du holst mich heraus. Wann immer ich falle,
du lässt mich nicht zu Schanden werden.
Wir hören einen hellen Ton, z.B. von einer Triangel.
Den letzten Satz können wir auch für jedes Kind einzeln sprechen:
Wir berühren jedes Kind einzeln, lassen den hellen Ton ertönen und sagen:
»Wann immer du fällst, Gott lässt dich nicht zu Schanden werden.«

Hören – Antworten

Fürbitte für mich

Dieses Gebet ist nicht nur ein Gebet, das die Not anderer Menschen im Blick hat. Es gilt auch meinen eigenen Unzulänglichkeiten und Selbstgerechtigkeiten. Jona hätte es vielleicht beten sollen …

Gott, wir kommen zu dir und bitten dich:
Hilf den Menschen, die in Not geraten sind,
gib ihnen Kraft und Zuversicht,
gib ihnen Freunde, die sie unterstützen.
Lass Gerechtigkeit wachsen unter den Menschen.

Gott, wir kommen zu dir und bitten dich für uns:
Manchmal sind wir voller Wut und Hass.
Lass unsere Wut nicht übermächtig werden.

Lass uns auch einmal zurückstecken
und auf unseren Vorteil verzichten.
Und lass uns auch unsere Fehler einsehen
und es besser machen.

Gott, wir kommen zu dir und bitten dich für uns:
Manchmal sind wir ungeduldig,
weil andere etwas nicht so gut können wie wir.
Wir lachen sie aus, wir treiben sie an.
Lass uns auch einmal zurückstecken
und auf unseren Vorteil verzichten.
Amen

Lieder

- Aus der Tiefe rufe ich zu dir, KIMMIK 1, Nr. 84 *(als Ruf des Jona aus dem Bauch des Fisches)*
- Mein Gott, das muss anders werden, KIMMIK 1, Nr. 18 *(als Ruf der Leute aus Ninive, nachdem Jona mit ihnen gesprochen hat)*
- Gloria a dios – Ehre sei Gott, aus Argentinien, auch in: Thumamina, Internationales Ökumenisches Liederbuch, München 1995, Nr. 56 (nach der Errettung der Stadt Ninive)

Kurzgeschichte

Die Geschichte ist ein Selbstgespräch und sollte auch so inszeniert werden. Sie kann als Einleitung ins Thema dienen.

Es ist eine wichtige Aufgabe. Ich sollte sie jetzt gleich machen.
Ich muss etwas zurückbringen. Diese Aufgabe duldet keinen Aufschub.
Ich fange gleich an. Nur noch einen Moment.
Was werden sie sagen, wenn ich es zurückbringe?
Werden sie furchtbar wütend? Werden sie lachen?
Es ist nicht einfach, aber es muss gemacht werden.
Vorher muss ich noch etwas essen. Ich weiß gar nicht, ob ich es schaffe.
Vielleicht sollte ich erst einmal etwas üben.
Was sage ich denn dazu, wenn ich es zurückbringe?
Es muss jetzt gemacht werden. Oh Gott, hilf mir!

Schau mal, das schöne Buch, das wollte ich doch endlich einmal weiterlesen.
Ich fühle mich so müde, hat das nicht alles Zeit bis später?
Morgen mache ich es, bestimmt. Jetzt ist es eigentlich zu spät.
Erst einmal etwas trinken. Ich habe Durst.
Der Magen tut mir weh, es wird mir etwas schwindelig.
Die Aufgabe ist schon sehr gewaltig. Hoffentlich schaffe ich sie morgen.
Ich weiß gar nicht mehr, wie das geht.
Oh Hilfe, mir wird ganz flau im Magen.
Gleich muss ich mich übergeben. Ich will nicht mehr.
Ich gehe ins Bett. Schlafen kann ich nicht. Was soll ich eigentlich machen?
Etwas zurückgeben? Gar nicht so schlimm. Ich mach's!
Ich hab's gemacht. Bin ich nicht toll?

Jochem Westhof

Kreative Ideen

Septuagesimae – Jona – gefangen und verstrickt

Ein drastisches Bild von Jonas Verstrickungen und Ausflüchten wird mit kleinen Seilen gestaltet. Mit einem Wurf in den Fisch können die Seile abfallen und der befreite Jona aus dem Tier herausgeholt werden.

Auf ein großes Papier (besser ist ein großes weißes Stofftuch) legt sich ein Kind und mit einem Filzstift wird sein Umriss nachgezeichnet. Das ist Jona. Jona hat vieles gemacht, das sich wie eine Fessel um ihn legt, bis es scheint, dass nur noch der Wunsch zu sterben ihn davon befreien kann. Wir können auf unseren gezeichneten Jona jeweils zu einem markanten Satz ein kräftiges Seil als »Fessel« legen:

er läuft weg	er muss viel bezahlen
er will immer weiter weg	er verkriecht sich ganz unten im Schiff
er schläft, anstatt an Bord gegen den Sturm zu arbeiten	er spricht ein Glaubensbekenntnis, ohne danach zu handeln

So entsteht das Bild eines Menschen, der sich in seine Ausflüchte immer stärker verstrickt hat. Wie kann er wieder frei werden?
In unserer Geschichte wird Jona vom Fisch verschluckt. Wenn wir den Jona mitsamt seinen Fesseln in den Fisch werfen (Bauanleitung siehe unten) und später das Jonatuch

wieder herausholen, dann bleiben die Fesseln im Fisch liegen und Jona ist wieder frei. Wir legen das Jonatuch wieder auf den Boden und stellen eine Kerze dazu.
Hier kann sich gut der gelesene Psalmtext anschließen (siehe »Liturgische Elemente«).

Der Fisch
Es ist eine reizvolle Aufgabe, einen Fisch zu bauen, in dem sich ein Kind oder mehrere Kinder verkriechen können. Weil es aber auch viel Zeit beansprucht und zwischendurch der Kleister trocknen muss, wird diese Arbeit am besten auf mehrere Kindergottesdienste verteilt.

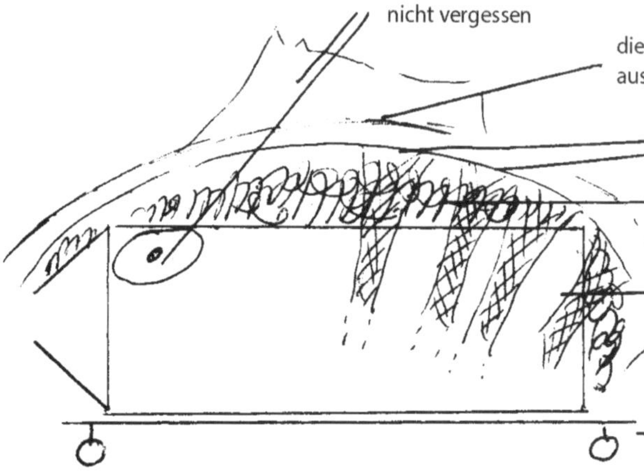

(Bauplan im Internet, siehe Vorwort)
Ein großer Karton (für hohe Kühlschränke o. Ä.) wird auf eine entsprechend große OSB-Platte genagelt. Fußbodenplatten aus dem Baumarkt eignen sich gut dazu. Am besten auch noch vier Möbelrollen dazu besorgen und unter die Platte schrauben, das vergrößert später die Beweglichkeit des Fisches. Der Karton ist der »Innenraum« des Fisches. Außen wird geknülltes Zeitungspapier mit etwas Kleister aufgeklebt, so dass der Außenumriss sich rundet. Stabilität gewinnt das Ganze durch ein Drahtgeflecht, das über diese runde Außenfläche gespannt und am Fußbodenbrett festgenagelt wird. Als Drahtgeflecht leistet Maschendraht für Kaninchenställe (gibt es auch im Baumarkt) gute Dienste. Die eigentliche Außenhaut wird mit großen Papierbahnen und Kleister aufgetragen, hier eignet sich Rollenware für weiße Papiertischdecken. Der Kleister muss jetzt gut durchtrocknen, sonst fängt der Fisch bald an zu schimmeln. Zum Abschluss wird der Fisch mit bunten Papierschuppen beklebt. Augen und Flossen nicht vergessen!

Auch hier kann sich gut der Psalmtext anschließen (siehe »Liturgische Elemente«). Bei kleinen Gruppen kann der Zuspruch des Psalms für jedes Kind jeweils in dem Fisch erfolgen.

Sexagesimae – Ninive bauen und verändern

Die Geschichte Jona 3 + 4 ist voll tiefsinnigem Humor – allein die Beschreibung der Fastenhandlungen ist übertrieben und zeigt das positive Verhalten der »Heiden« gegenüber dem trotzigen Jona. Ich möchte die Erzählung mit Bodenbildern und Symbolen verstärken.

Wir brauchen eine Kiste mit Bauklötzen. Wenn wir keine fertigen Klötze haben, können wir auch eine Dachlatte oder ein Kantholz aus dem Baumarkt in entsprechende Größen zersägen. Aus den Bauklötzen bauen wir auf dem Fußboden gemeinsam eine große Stadt. In der Mitte unserer Stadt steht ein Königspalast, mit goldenen Kugeln geschmückt und mit einem Samttuch im Innenhof. Die Straßen der reichen Stadt sind mit Edelsteinen geschmückt.
- Wir erzählen von Jonas Auftritt und seiner Bußpredigt.

Wir ändern das Bild der Stadt. Vom Königspalast werden die goldenen Kugeln entfernt, das Samttuch in der Mitte weicht einer leeren Schale. Auch die Edelsteine werden eingesammelt. Wir verbrennen Papier und streuen die Asche in die Schale. Wir rufen gemeinsam mit den Leuten von Ninive: »Gott, lass Ninive nicht untergehen!«
- Wir erzählen: »Jona geht aus der Stadt heraus und will das Spektakel anschauen. Wir schauen auf die Stadt in unserer Mitte. Wir nehmen eine Trommel und schlagen langsam vierzig Mal, erst leise, dann immer lauter und bedrohlicher werdend. Größere Kinder können laut mitzählen. Andere rufen dazu: »Gott, lass Ninive nicht untergehen!«

- Wir erzählen von der Bewahrung der Stadt und einem großen Freudenfest. Die goldenen Kugeln und die Edelsteine werden als großer Ring um die Stadt gelegt. Die Fastenzeichen werden entfernt. In die Schale im Königspalast wird eine große Kerze gestellt. Das Fest der Leute von Ninive kann mit allen Kindern gefeiert werden, vielleicht mit Saft, Kerzen, Musik!

Estomihi – Lauschangriff in Ninive

Dieser Vorschlag ist mehr für große Kinder. Er zeigt etwas vom Wandel in der Stadt und von der Trotzigkeit des Jona. Auch hier kann als Abschluss ein Fest mit allen Kindern gefeiert werden.

Wir gehen in Gedanken durch Ninive. Mit großen Ohren (modern: mit empfindlicher Elektronik) können wir alles hören, was die Leute sagen. Was wird geredet in einer Stadt, die das Symbol des Bösen ist. Was hören wir in den Schulen – in den Familien – am Königshof – auf dem Marktplatz, usw.?
Dann kommt Jona und hält seine Strafpredigt. Wie klingen seine Worte? Spricht er laut und drohend oder zögerlich und ängstlich?
Die Menschen hören die Rede von Jona. Was sagen sie nun? Fragen sie bei Jona nach? Tuscheln sie untereinander?

Wie klingt ihr Beschluss, ein Fasten auszurufen? Wie klingt es in den Schulen, in den Familien, am Königshof, auf dem Marktplatz usw.?
Alle Sprechszenen können wir natürlich auch aufnehmen wie in einem Hörspiel. Es darf gerne etwas klischeehaft übertrieben werden und klingt dann besonders lustig.

Stichworte:
Flucht, verstecken, Gottvertrauen, Verstrickungen, Fischbauch

Jochem Westhof

Neue Wege – um Vergebung bitten und vergeben

22.02.2015
(Invocavit)
Und vergib uns unsere Schuld ...
(Matthäus 6,12a)

01.03.2015
(Reminiscere)
... wie auch wir vergeben unseren Schuldigern
(Matthäus 6,12b)

Das Vaterunser, bei Matthäus eingebettet in die Bergpredigt, ist tief verwurzelt in der biblischen Tradition und verbindet Christen und Juden miteinander. Die Bitte an Gott um Vergebung von Schuld (12a) und das Bekenntnis zum gegenseitigen Schuldenerlass (12b) spielen auch in der Jesusüberlieferung eine zentrale Rolle (Mt 5,21–26; 18,21–35). Die durch die Sünde des Einzelnen gewirkte Schuld ist biblisch-theologisch keine Privatangelegenheit, sondern ein Bruch mit der von Gott geschenkten sozialen und rechtlichen Gemeinschaftsordnung. Dieser Bruch erfordert die Beseitigung der Folgen der Schuld. Vergebung ist immer freiwillig – der Geschädigte lässt von allen Rechten ab. Der Täter wird weder entschuldigt noch die Fehlhandlung aufgehoben, sondern die zwischenmenschliche Störung wird beseitigt.

Vergebung klärt nicht die Vergangenheit, sondern löst die Zukunft, indem sie neue Beziehungen zwischen Gott und Menschen und untereinander ermöglicht.

Das im Vaterunser verwendete Wort »Schuld« war zur Zeit Jesu der allgemeinste Ausdruck für Sünde im ethisch-religiösen Sinn und zugleich ein ökonomischer Begriff für materielle Schulden. Gott vergibt die Schuld der Menschen aus Mitgefühl (vgl. Mt 18,26f), wie Menschen versklavende Schuldverhältnisse aufheben. Die Fähigkeit und Bereitschaft zur Vergebung sind kein Prinzip, sondern erwächst aus der täglich erfahrenen Vergebung Gottes. Besonders in den Sakramenten Taufe und Abendmahl.

Niemand kann sich selbst ent-schuldigen. Auch der moderne Begriff »Verzeihung« trifft nicht die biblisch-theologische Dimension von Vergebung.

Kinder erleben schon früh ihre Verstrickung in Schuld und den oft hilflosen Umgang Erwachsener damit: »Verzeihen kann ich, aber vergessen nie!«

Darum bieten diese beiden Gottesdienste am Beginn der Passionszeit eine große Chance, gemeinsam mit Kindern und Mitarbeitenden die befreienden Dimensionen einer biblisch orientierten Schuldvergebung zu erleben, wenn verbunden mit den Sakramenten TAUFE und ABENDMAHL Rituale der Vergebung angeboten werden.

Zusammenkommen – sich Gott zuwenden

Psalmgebet zu Psalm 25 – Bitte um Vergebung

Call and Response: Die einzelnen Verse werden jeweils laut gelesen und von allen wiederholt. So öffnet sich gut der Text- und Klangraum des Psalms.

Nach dir, Gott, strecke ich mich aus.
Mein Gott, auf dich vertraue ich.
Auf dich hoffe ich jeden Tag.
Lass mich nicht scheitern.

Erinnere dich an mich, Gott.
Vergib mir meine Schuld, sie ist groß.

Wende dich zu mir.
Neige dich zu mir.

Mache die Enge meines Herzens weit.
Ziehe mich aus den Bedrängnissen heraus.
Siehe meine Verzweiflung.

Hebe alle meine Sünden auf.
Bewahre mein Leben, rette mich.
Lass mich nicht scheitern.

Ja, in dir berge ich mich.
Halleluja.

Zum Psalm 25 gibt es ein violettes Psalmarmband für Kinder und Mitarbeitende.
Bezug: Arbeitsbereich Kindergottesdienst im Michaeliskloster Hildesheim.
www.michaeliskloster.de

Foto: Dirk Schliephake

Hören – Antworten

Vaterunser mit Gesten

Vater unser im Himmel.	*Arme und offene Hände nach oben ausgestreckt*
Geheiligt werde dein Name.	*Arme etwas nach außen breiten*
Dein Reich komme.	*Handflächen nach unten drehen und Arme waagerecht halten*
Dein Wille geschehe wie im Himmel, so auf Erden.	*Linken Arm heben, rechten Arm senken zu einer Diagonale*
Unser tägliches Brot gib uns heute.	*Hände zu einer Schale formen.*
Und vergib uns unsere Schuld,	*Handflächen aneinander legen*
wie auch wir vergeben unsern Schuldigern.	*Einander die Hände reichen*
Und führe uns nicht in Versuchung.	*Körper und Kopf tief beugen*
Sondern erlöse uns von dem Bösen.	*Körper aufrichten, Hände loslassen und Arme befreit nach oben werfen*
Denn dein ist das Reich und die Kraft	*Hände zum Gebet falten*
und die Herrlichkeit in Ewigkeit. Amen.	

Kurzgeschichte

Die Geschichte kann als Einführung ins Thema dienen oder das Thema an Reminiscere wieder aufnehmen. Sie beschreibt, wie schwer und schmerzlich es für Greta ist, ihrer Freundin Pia zu vergeben. Aber sie wagt diesen mutigen Schritt und erneuert damit die Freundschaft.

Seit Weihnachten hatten sie sich riesig darauf gefreut: mit der Schulklasse zum Schlittenfahren in den Harz. Nun standen Greta und ihre neue Freundin Pia glücklich oben auf dem Rodelberg. Und ab ging die Fahrt ins Tal. Gegen Mittag fegte ein eisiger Wind durch die Berge. Pia zitterte furchtbar in ihrer dünnen Jacke. Greta hatte eine Idee. »Du, ich leihe dir meinen Schal. Den hat Mama mir aus der Weihnachtswolle gestrickt. Meine Jacke ist am Hals warm genug.« Pia freute sich wie eine Schneeprinzessin. Am nächsten Morgen bemerkte Greta beim Anziehen: »Pia hat ja noch immer meinen Schal!« Als sie in die Klasse kam, traute sie ihren Augen und Ohren nicht. Pia stand am Fenster umringt von allen anderen Mädchen. Sie hielt Gretas Schal hoch und rief: »Den hat meine Mama für mich gestrickt. Fühlt mal, wie weich er ist.« Alle staunten. Nur Greta spürte einen tiefen Riss in ihrem Herzen. In der Pause zog sie Pia zur Seite. »Was machst du mit meinem Schal. Gib ihn mir sofort zurück!« Aber Pia drehte sich einfach um und ging weg. Mit Gretas Schal.

Greta hatte schlaflose Nächte und unglückliche Tage. Pia war doch ihre Freundin, oder nun nicht mehr? Und Mama fragte immer wieder nach dem Schal. »Was soll ich nur tun?« Es war zum Verrücktwerden. Schließlich klingelte sie bei Pia zuhause. Ihre Mutter öffnete die Tür. »Pia ist nicht da.« »Ich muss auch dringend mit Ihnen sprechen«, sagte Greta ernst. »Gut, komm rein. Bei uns ist es aber ziemlich schlicht. Seit ich keine Arbeit habe, können wir uns nichts Besonderes mehr leisten.« Und dann erzählte Pias Mutter von ihrer Scheidung und dem Wegzug und der traurigen Pia. Und Greta erzählte von dem Schal.

Es wurde schon dunkel, als Pia nach Hause kam. Sie erschrak, als sie Greta entdeckte. »Setz dich bitte zu uns, Pia, Greta muss etwas Wichtiges mit dir klären«, sagte die Mutter sehr streng. Lange schauten sich die beiden Mädchen in die heulenden Augen. »Es tut mir leid, Greta. Ich hatte noch nie so einen schönen Schal.« »Ich vergebe dir«, sagte Greta. Pia gab Greta den Schal zurück. »Weißt du, Pia, ich frage Mama, ob sie für meine beste Freundin nicht auch so einen Schal stricken kann.« Pia strahlte!

Dirk Schliephake

Kreative Ideen

Invocavit

Vergebungsritual am Taufstein

Behutsam werden Kinder sensibilisiert für eigene Schulderfahrungen. Innere Bilder können mit außergewöhnlichen Materialien kreativ vertieft werden. Das »Zurückkriechen zur Taufverheißung« (Martin Luther) wird handlungsorientiert erlebt und Vergebung als unbelasteter Neuanfang mit Gott hautnah spürbar.

Text zur Hinführung: Immer wieder tun wir Dinge, die Gott richtig traurig machen. Oft merken wir das gar nicht sofort. Aber manchmal, da erschrecken wir und wir spüren

unsere Schuld. Schließt bitte eure Augen und erinnert euch: Gott hat diese Welt wunderbar erschaffen. Schnee zum Schlittenfahren. Wasser zum Schwimmen. Berge zum Wandern und Bäume zum Klettern. Doch ich bin nicht gut umgegangen mit Gottes Schöpfung. Ich habe Blumen verletzt und viel Müll angehäuft. Gott hat viele Menschen an meine Seite gestellt. Alte und Junge, Nette und auch welche, die mir Angst machten. Ich habe böse Worte zu ihnen gesagt. Und auch böse Gedanken über sie gehabt. Gott begleitet mich durch mein Leben. Wenn ich stehe oder liege, wach bin oder schlafe. Doch ich habe Gott manchmal ganz vergessen. Ich dachte sogar, er hat mich allein gelassen.
Öffnet eure Augen und malt, was ihr gesehen habt.
Material: braunes Packpapier DIN A4 und Kohle-/Grafitstifte (schwarz, weiß, rot)

Zeichnung: Bernd Hillringhaus

(Zeichnung im Internet, siehe Vorwort)
Text zur Durchführung: Nehmt eure Bilder in die Hand. Wir wollen Gott um Vergebung bitten. Gemeinsam sprechen wir: *Gott, vergib uns unsere Schuld.* (3 x)

Wir lesen Psalm 103,1–8 (EG 758 bis »… geduldig und von großer Güte«)

Gott hat euch eure Schuld vergeben. Und nun kommt einzeln an den Taufstein.
Lass dein Blatt zerreißen. Was war, soll dich nicht mehr belasten.
Lass dich von Gott segnen. Mit seiner Kraft kannst du neu ins Leben gehen.

Alle treten einzeln an den Taufstein. Eine Mitarbeiterin zerreißt die Blätter in kleine Stücke und streut sie auf den Boden. Alle werden mit einem Wasserkreuz gesegnet: Friede (Kreuzzeichen mit nassen Fingern) sei mit dir. Amen.
Alle anderen singen dazu:
Lied: Don´t be afraid. My love is stronger than your fear.
Aus: KIMMIK 2

Reminiscere

Abendmahl vergebungsorientiert

Zwei liturgische Teile der Abendmahlsliturgie, die besonders die Vergebung betonen, werden intensiv gestaltet: Das Vergossenwerden des Traubensaftes und der gemeinsame Friedensgruß nach dem Abendmahl als Zeichen der neuen, versöhnten Gemeinschaft.

Während die Abendmahlsgeschichte frei erzählt wird, wird sichtbar für alle ein Brot/eine Oblate gebrochen. Dazu wird gesagt: Das Brot zerbricht. So wurde Jesus am Kreuz zerbrochen.

Weißer Traubensaft/Wein wird aus einer Kanne in den Kelch sichtbar und hörbar eingegossen. Dazu wird gesagt: Der Traubensaft/Wein wird vergossen. So wurde das Blut Jesu am Kreuz vergossen. Zur Vergebung unserer Sünden (Mt 26,28).

Foto: Dirk Schliephake

Anschließend werden die agendarischen Einsetzungsworte gesprochen und miteinander Abendmahl gefeiert und mit dem Dankgebet abgeschlossen.

Dankgebet

Jesus Christus, du hast uns eingeladen an deinen Tisch. Große und Kleine. Arme und Reiche. Fröhliche und Traurige. Menschen mit Ecken und Kanten.
Menschen, die schuldig geworden sind. An Gott und aneinander. Wir danken dir dafür. Amen.

Zeichen der Vergebung

Im Abendmahl hat Gott unsere Sünden vergeben. Wir gehen befreit unseren Weg. Andere sollen das spüren. Besonders die, die wir gefangen halten in ihrer Schuld. Wir wollen unsern Schuldigern vergeben, wie Gott uns vergeben hat.
Damit fangen wir gleich hier an. Reicht euch gegenseitig die Hände. Ein Zeichen der Vergebung. Und sprecht: Friede sei mit dir. Amen.

Stichworte:

Abendmahl, Taufe, Schuld, Vaterunser, Vergeben

Dirk Schliephake

Gemeinschaft – lebendig und erfrischend

08.03.2015
(Oculi)
Gemeinschaft mit Jesus – Quelle der Lebendigkeit
(Johannes 4,5–14.28–30.40–42)

15.03.2015
(Laetare)
Lebendiges Wasser überwindet Grenzen
(Johannes 4,15–26)

Diese beiden Sonntage liegen mitten in der Passionszeit – also in einer Zeit, die durch Verzicht und Kargheit gekennzeichnet ist. Hier wird das Bedürfnis nach Lebendigkeit und Fülle besonders deutlich. Die Geschichte bietet zwei Symbole an. Zum einen ist das der Brunnen. Er fungiert hier als Ort der Begegnung – in diesem Fall zwischen Jesus und der Frau aus Samaria. Das zweite Symbol ist das Wasser. Jesus bringt es mit sich selbst in Zusammenhang und deutet es als lebendiges Wasser oder Quelle des Lebens (vgl. Psalm 36,10). Dieses lebendige Wasser ist als Angebot zu verstehen – ein Angebot, das Leben verändern und Leben ermöglichen will und kann. Damit steht diese biblische Geschichte inhaltlich in einem engen Zusammenhang mit Taufe und Abendmahl, was in dieser Ausarbeitung beides möglich ist.

Liturgische Gestaltung

Zusammenkommen – sich Gott zuwenden

Votum

Wir feiern unseren Gottesdienst im Namen Gottes:
im Namen des Vaters, Quelle allen Lebens,
im Namen des Sohnes, Quelle der Liebe
und im Namen des Heiligen Geistes, Quelle unserer Gemeinschaft.
Amen.

Hören – Antworten

Lied: Wasser ist Leben

Strophe 2: Auf der Suche nach dem Leben lasst uns in den Brunnen sehen.
Was die Menschen dort erleben, kann auch unter uns geschehen.

Refrain: Wasser ist Leben. Gott will es geben. Und in der Tiefe ist er mir nah.

Strophe 3: Auf der Suche nach dem Leben lasst uns bei dem Brunnen bleiben.
Was die Menschen dort erleben, kann auch unsre Angst vertreiben.

Refrain: Wasser ist Leben. Gott will es geben. Und in der Nähe spricht er mich an.

Feiern – Teilen

Abendmahlsfeier

Der biblischen Geschichte kann sich eine Abendmahlsfeier anschließen. So wie Jesus der Frau am Brunnen lebendiges Wasser angeboten hat, so bietet er uns auch heute noch Stärkung zum Leben an. Er lädt uns ein zum Abendmahl. Brot und Kelch können für uns zur Quelle des Lebens werden. In der Regel wird der Kelch für Kinder mit Traubensaft gefüllt sein. In diesem Fall könnte statt Saft auch Wasser eingegossen sein, um den Bezug zur Geschichte noch deutlicher zu machen.

Taufe / Tauferinnerungsfeier

Der biblischen Geschichte kann sich eine Tauferinnerungsfeier oder eine Taufe anschließen. Jesus hat der Frau am Brunnen lebendiges Wasser angeboten. Sie hat das Angebot angenommen. Das hat ihr Leben verändert. So etwas geschieht auch heute noch in der Taufe. Zur Erinnerung an die Taufe werden die Kinder eingeladen, sich mit dem Wasser des Taufsteins oder des Brunnens ein Kreuz auf die Stirn zu zeichnen. Dazu kann der Kehrvers des Liedes »Wasser ist Leben« gesprochen oder das ganze Lied gesungen werden.

Lebendiges Wasser schöpfen
Für die Kinder stehen Wassergläser bereit. Jedes Kind kann mit seinem Glas zum Brunnen kommen, sich dort Wasser nehmen oder geben lassen. Dazu kann z. B. gesagt werden: »Hier, lebendiges Wasser – für mich/dich« oder »Quelle des Lebens – für mich/dich.« Gemeinsam wird das Wasser dann getrunken. Für diese Aktion bitte bereits beim Brunnenbau (s. u.) auf Trinkqualität und entsprechende Hygiene achten.

Sendung – Segen

Lebendiges Wasser austeilen
In verschließbaren Behältern können Kinder auch Wasser aus dem Brunnen mitnehmen und an andere (Menschen, Tiere oder Pflanzen) weitergeben. Um den Bezug zur Geschichte nicht zu verlieren, kann man einen Etikettenaufkleber (z. B. mit der Bibelstelle) anbringen.

Kurzgeschichte

Die Parabel vom modernen Menschen ist für ältere Kinder, Jugendliche, das Kigo-Team oder Kigo-Eltern als »Vertiefung« gedacht.

Ein moderner Mensch verirrte sich in einer Wüste. Tage- und nächtelang irrte er umher. Wie lange braucht man, um zu verhungern und zu verdursten? Das überlegte er sich beständig. Er fieberte. Wenn er erschöpft ein paar Stunden schlief, träumte er vom Wasser, von Orangen und Datteln. Dann erwachte er zu schlimmerer Qual und taumelte weiter. Da sah er in einiger Entfernung eine Oase. Aha, eine Fata Morgana, dachte er. Eine Luftspiegelung, die mich narrt und zur Verzweiflung treiben wird, denn in Wirklichkeit ist gar nichts da. Er näherte sich der Oase, aber sie verschwand nicht. Sie wurde im Gegenteil immer deutlicher. Er sah die Dattelpalmen, das Gras und die Felsen, zwischen denen ein Quell entsprang. Es kann natürlich eine Hungerphantasie sein, die mir mein halbwahnsinniges Hirn vorgaukelt, dacht er. Solche Phantasien hat man ja in mei-

nem Zustand. Natürlich – jetzt höre ich sogar das Wasser sprudeln. Eine Gehörhalluzination. Wie grausam die Natur ist? – Mit diesen Gedanken brach er zusammen. Er starb mit einem lautlosen Fluch auf die unerbittliche Bösartigkeit des Lebens.
Eine Stunde später fanden ihn zwei Beduinen. »Kannst du so etwas verstehen?«, sagte der eine Beduine zum anderen. »Die Datteln wachsen ihm beinahe in den Mund – er hätte nur die Hand austrecken brauchen. Und dicht neben der Quelle liegt er, mitten in der schönen Oase – verhungert und verdurstet. Wie ist das nur möglich?« »Er war halt ein moderner Mensch«, antwortete der andere Beduine. »Er hat nicht daran geglaubt.«

Aus: Peter Bleeser: Geschichten zwischen Himmel und Erde, Düsseldorf 1985

Kreative Ideen

Brunnen bauen

Foto: Urd Rust

Die Erzählung der biblischen Geschichte lässt sich durch eine Brunnendarstellung als Kulisse intensivieren. Eine Möglichkeit ist, den Brunnen aus bemaltem Karton herzustellen. Er könnte aber auch anders entstehen, z.B. durch einen Krug oder Eimer mit Wasser, der gemeinsam mit Steinen oder Kartons, die mit Tüchern dekoriert werden, umbaut wird.
Ein blaues Tuch symbolisiert das lebendige Wasser, das in der biblischen Geschichte eine zentrale Rolle spielt. Das Tuch verbindet vielleicht den Altar mit dem Brunnen. So verbindet es Jesu Aussage vom lebendigen Wasser am Brunnen mit dem Abendmahl. Das blaue Tuch könnte ebenso den Brunnen mit dem Taufstein verbinden und so die biblische Geschichte in einen Zusammenhang mit dem Wasser der Taufe bringen.

Bildbetrachtung

Spannend an dem Bild »Frau am Jakobsbrunnen« von Sieger Köder ist die Innenperspektive: der Blick in den Brunnen und was sich hier ereignet. Daher bietet sich das Bild zu einer gemeinsamen Betrachtung an. Kinder haben sicherlich auch noch ganz andere Ideen für aussagekräftige Bildtitel. Das Bild ist sowohl als Poster als auch als Postkarte erhältlich – einfach mal im Internet auf die Suche gehen, u. a.: Gertrud Widmann: Die Bilder der Bibel von Sieger Köder, Ostfildern 2003.

Eigenes Bild herstellen

Sieger Köder hat seine Sicht der Ereignisse im Bild festgehalten. Das können Kinder auch. Besonders eignen sich hier Zuckerkreiden zum Malen. Durch das Einlegen der farbigen Malkreiden in Zuckerwasser bekommen die Farben eine ganz besondere Tiefe und Leuchtkraft. Hier wird also schon in der Herstellung der Zuckerkreiden erlebbar, wie eine Begegnung mit Wasser verändern kann.

Zuckerkreide
wird so hergestellt: ½ l Wasser mit 4 Esslöffeln Zucker vermischen und in ein verschließbares Gefäß geben. Darin 1 Päckchen farbige Schulkreide für mindestens 30 Minuten einweichen lassen. Dabei muss die Kreide vollständig vom Wasser bedeckt sein. Zum Verwenden das Wasser entfernen.

Die Rose von Jericho
Die Rose von Jericho ist eine Wüstenpflanze, die in wasserarmen Gebieten Vorderasiens und Afrikas gedeiht. Sie ist außerordentlich anspruchslos und widerstandsfähig gegen Hitze und Trockenheit. Während der Trockenperioden verschließt sie sich zu einem kugelähnlichen Büschel, die Wurzeln sterben ab und sie löst sich vom Boden. So kann sie sich Hunderte von Kilometern vom Wind weitertreiben lassen. Trifft sie dabei auf eine Wasserstelle, öffnet sie sich wieder, bildet neue Wurzeln aus und treibt neu. In dem trockenen, scheinbar toten Zustand kann sie Jahrzehnte überdauern, um dann, wenn sie mit Wasser in Berührung kommt, zu neuem Leben zu erwachen.
Zur Veranschaulichung der biblischen Geschichte legt man die Rose von Jericho im trockenen Zustand in eine Glasschale und übergießt sie mit (am besten warmem) Wasser. Innerhalb von einer halben Stunde öffnet sich die Pflanze und zeigt ihre moosgrüne Lebendigkeit.

Fotos: Susanne Betz

Blüte aus Papier (Alternative)
Die Blüte (Vorlage kopieren oder Blüte frei ausschneidern) wird aus glattem Schreibpapier ausgeschnitten. Sie kann mit Buntstiften bemalt werden. Die Blütenblätter werden bis zur gestrichelten Linie eingeschnitten und dann an der gestrichelten Linie entlang zur Mitte gefaltet. Diese »geschlossene Blüte« wird in eine Schale mit Wasser gelegt (einfach auf die Wasseroberfläche aufsetzen). Im Zeitlupentempo öffnen sich dann Blätter und geben ihre Botschaft frei. Die Botschaft in der Vorlage stammt aus Psalm 36,10 und weist auf Gott als Quelle der Lebens hin.
(Kopiervorlage für die Blüte aus Papier im Internet, siehe Vorwort)

Stichworte:
Brunnen, Quelle, Wasser, Taufe, Abendmahl

Susanne Betz

Passion – Jesus nimmt Abschied

22.03.2015
(Judica)
Zeit des Abschieds
(Johannes 12,1–8)

29.03.2015
(Palmarum)
Ein Wort zum Abschied
(Johannes 12,24)

02.04.2015
(Gründonnerstag)
Ein Zeichen zum Abschied
(Johannes 13,1–15)

03.04.2015
(Karfreitag)
Abschied – Es ist vollbracht
(Johannes 19,17–30)

In dieser Reihe der Passionsgeschichten aus dem Johannesevangelium geht es weniger um das körperliche Leiden Jesu, nicht um Folter, Verletzungen u. Ä. Vielmehr geht es um das Abschied-Nehmen als tiefgreifendes, leidvolles und schmerzhaftes Ereignis. Das kennt jeder Mensch aus eigener Erfahrung, sodass die Mitarbeitenden und die Kinder diese Passionsgeschichten miterleben und nachvollziehen können.
Wir können und sollen Kinder nicht vor Abschieds-Erfahrungen bewahren. Sie gehören zum Leben. Es ist die Aufgabe von Erwachsenen, Kinder bei Abschieden liebevoll, respektvoll und verständnisvoll zu begleiten. So auch mit dieser Reihe und in diesen Gottesdiensten.
Abschied nehmen – das kennen die Kinder aus dem ganz normalen Alltag. Sie kennen »kleine« Abschiede, die schon die Verheißung der baldigen Rückkehr in sich tragen, wenn sie ihr Zuhause verlassen, um in den Kindergarten oder in die Schule zu gehen. Aber auch die »großen« Abschiede, die ungewiss sind, wenn weite Reisen anstehen, bei Umzügen, wenn ein Tier oder ein naher Mensch stirbt, haben sie sie schon erfahren. Kinder leben wie Erwachsene mit Abschieden, je nach Persönlichkeit, je nach Abschied besser oder schlechter. Darum sollte während der ganzen Reihe ein besonderes Augen- und Herzensmerk auf die Kinder und ihr Befinden gelegt werden.

Die eigenen Abschieds-Erfahrungen der Mitarbeitenden und der Kinder werden in die Gottesdienste mit einfließen können, wenn bei der Betrachtung der einzelnen Abschieds-Formen die helfenden Rituale aufmerksam durchgeführt und erlebt werden und alle ihre Gedanken frei äußern können.
Der Abschied Jesu und von Jesus vollzieht sich in den ausgewählten Geschichten einerseits langsam und Schritt für Schritt – und andererseits schnell in den relativ kurzen zwei Wochen. Die Kinder hören von unterschiedlichen Abschieden:

- In der Salbungsgeschichte ist er noch weit weg, aber hier wird dem lebenden Menschen noch etwas Gutes getan.
- Das Wort vom Weizenkorn wirkt zunächst abstrakt, erzählt aber gerade dadurch bildlich von Leben, Tod und Auferstehung.
- In der Fußwaschungsgeschichte rückt der Abschied näher; aber da wird auch deutlich, dass man beim Abschied dem anderen gut tun kann.

- Endgültig scheint der Abschied in der Todesstunde Jesu. Aber das Sterben Jesu können wir nicht ohne den Ausblick der Hoffnung auf Ostern verstehen.

Die unterschiedlichen Abschiedserfahrungen werden entsprechend der im Evangelium verwendeten starken Bilder in Symbolen aufgenommen. Verbindendes, kreativ gestaltetes Symbol ist ein Kachelkreuz, das in der Mitte für alle und individuell für jedes Kind gestaltet werden kann.
Bei Kindergottesdiensten, die nur sonntags gefeiert werden, können die ersten beiden und die letzten beiden Texte zusammengefasst werden.
Beim monatlichen Kindergottesdienst können alle Texte in Form von liturgischen Stationen aufgenommen werden. Dann wird mit dem Licht begonnen, das Licht beleuchtet die einzelnen Stationen, wird am Ende gelöscht und, als Ausblick auf Ostern, neu entzündet.

Liturgische Gestaltung

Zusammenkommen – sich Gott zuwenden

Eingangsritual und Gestaltung der Mitte

Zum Eingangsvotum wird während der ganzen Reihe ergänzt: *Wenn das Weizenkorn nicht in die Erde fällt und erstirbt, bleibt es allein; wenn es aber erstirbt, bringt es viel Frucht (Joh 12,24).*

Nach dem Eingangsvotum und der Begrüßung gestalten wir mit den Kindern gemeinsam die Mitte: In die Mitte legen wir ein **grünes Tuch**. Es steht für die Hoffnung auf das Leben, von der wir in allen Texten lesen, nämlich:

Judica	Jesus hat einen Toten auferweckt, er bringt Leben.
Palmarum	Das Weizenkorn stirbt zwar, kehrt jedoch in anderer Gestalt zurück.
Gründonnerstag	Jesus weiß, dass er von Gott gekommen ist und zu Gott geht.
Karfreitag	Jesus stirbt, wir dürfen auf Ostern hoffen.

Am Karfreitag wird das grüne Tuch mit einem schwarzen Tuch bedeckt. Kleine »Hoffnungsecken« dürfen noch herausschauen. Auf dem Tuch steht eine **Kerze**, die an der

Osterkerze entzündet wird. Am Karfreitag wird sie mit dem Tod Jesu gelöscht. An Ostern wird sie neu entzündet werden, das erzählen wir den Kindern, indem wir ihnen von der Bedeutung der Osterkerze erzählen.

Auf das Tuch werden nach und nach an jedem Sonn- und Feiertag die **Symbole** der Texte hinzugelegt:

Judica	eine Schale oder Flasche mit **Nardenöl** (oder eine Duftlampe, mit der von Beginn an der Raum vom Duft des Öls [Joh 12,3] erfüllt wird)
Palmarum	ein **Weizenkorn** im Rohzustand, ein gekeimtes und ein aus der Erde gewachsenes Korn
Gründonnerstag	eine Schale mit **Wasser**
Karfreitag	das **Kreuz**

Dazu sprechen wir folgenden **Text:** Gott schenkt das Leben. Grün wie die Hoffnung, grün wie die Pflanzen. Gott ist da. *(Das grüne Tuch wird ausgebreitet.)* Darum können wir aus Gottes Liebe miteinander leben:
Hier wird ergänzt ab …

Judica	Wir tun uns gut, solange wir leben.	*Das Duftöl wird ins Wasser gegossen, das Teelicht entzündet.*
Palmarum	Wenn das Weizenkorn nicht in die Erde fällt und erstirbt, bleibt es allein; wenn es aber erstirbt, bringt es viel Frucht. (Joh 12,24).	*Wir legen die Körner in den verschiedenen Stadien auf das Tuch.*
Gründonnerstag	Wir sind füreinander da. Wir passen aufeinander auf. Wir helfen einander.	*Wir stellen die Schale mit Wasser in die Mitte.*
Karfreitag	Jesus ist geboren. Jesus lebt. Jesus ist gestorben. Jesus ist auferstanden. Jesus lebt.	*Wir legen ein Kreuz auf das Tuch.*

Das Ritual wird dann fortgeführt mit der **Lichtmeditation**:
Am Anfang, ganz am Anfang, als alles noch dunkel war und ein großes Durcheinander, sprach Gott: Es werde Licht. Und es ward Licht. Das Licht erleuchtet seitdem das Leben und die Herzen der Menschen. Doch die Menschen vergaßen Gott und Dunkelheit senkte sich in ihre Herzen. Da sandte Gott seinen Sohn, Jesus. Jesus sagt: Ich bin das Licht der Welt. Wer mir nachfolgt, wird nicht wandeln in der Finsternis, sondern wird

das Licht des Lebens haben. Jesus ist unser Licht des Lebens. Es leuchtet uns aus der Osterkerze. Es leuchtet aus unseren Taufkerzen. Es leuchtet aus dieser Kerze *(Kerze entzünden)* Jesus ist auferstanden. Gott hat den Tod besiegt. Wir dürfen das Licht teilen und weitergeben.

Hören – Antworten

Karfreitag legen wir im Verlauf des Kindergottesdienstes, wenn in unserer Erzählung Jesus gestorben ist, das schwarze Tuch über alles, das auf dem grünen Tuch liegt. Die Kerze wird vorher gelöscht. Wir begleiten die kleine Aktion mit den Worten: Jesus ist geboren. Jesus lebt. Jesus ist gestorben. Jesus ist auferstanden. Jesus lebt.
Dann wird die Kerze von neuem entzündet und wir sagen: Gott hat den Tod besiegt. Jesus ist auferstanden. Er ist wahrhaftig auferstanden.

Lied
Zu allen Sonntagen passt das Lied EG 98 *Korn, das in die Erde, in den Tod, versinkt,* das mit Bewegungen versehen und gesungen werden kann.

Text	**Bewegungen**
Korn, das in die Erde, in den Tod versinkt,	*Wir fallen beim Singen in uns zusammen wie ein kleines Korn und hocken uns auf den Boden*
Keim, der aus dem Acker in den Morgen dringt.	*Wir lassen einen Keim, die Hand und den Arm, aus dem Korn wachsen*
Liebe lebt auf, die längst erstorben schien:	*Wir stehen auf, recken die Arme*
Liebe wächst wie Weizen, und ihr Halm ist grün.	*Wir lassen die Arme wie Halme im Wind wehen*
Über Gottes Liebe brach die Welt den Stab,	*Wir formen mit den Armen ein Herz, das zerbricht, indem wir die Arme fallen lassen*
Wälzte ihren Felsen vor der Liebe Grab.	*Wir wälzen einen schweren Stein vor das Grab*
Jesus ist tot. Wie sollte er noch fliehn?	*Wir verbergen den Kopf in den Armen, schauen zu Boden oder schließen die Augen*
Liebe wächst wie Weizen, und ihr Halm ist grün.	*Wir lassen die Arme wie Halme im Wind wehen*
Im Gestein verloren Gottes Samenkorn,	*Wir »suchen« das Korn mit den Augen und/oder den Händen auf dem Boden*

Unser Herz gefangen in Gestrüpp und Dorn	*Wir halten unser Herz fest*
Hin ging die Nacht, der dritte Tag erschien:	*Wir lassen mit unseren Armen die Sonne aufgehen*
Liebe wächst wie Weizen, und ihr Halm ist grün.	*Wir lassen die Arme wie Halme im Wind wehen*

Feiern – Teilen

An **Palmarum** passt es, das Brot, das letztlich durch das Zutun der Menschen aus dem Weizenkorn entsteht und das Kraft und Leben gibt, zu teilen und sich davon stärken zu lassen. Dann bringt das Weizenkorn auch Frucht in Form von Leben und Kraft. So führt der Tod auf eine andere Weise ins Leben.

Sendung – Segen

Jesus verweist die Menschen vor seinem Tod aufeinander. Das können wir untereinander tun: *»Siehe, das ist dein Bruder« – »Siehe, das ist deine Schwester«*
Unsere Stationen des Abschieds und die Verheißung der Auferstehung münden am Schluss in eine Segnung – Einer berührt die Nächste mit einem **Segenswort**: »Gott segne dich. Er schenke dir neues Leben – heute und für immer.«

Kurzgeschichte

Die Geschichte kann gut als Einführung in das Thema genutzt werden. Sie erzählt nicht nur einfühlsam von der Trauer, sondern auch von dem, was in der Trauer gut tut.

Julika ist traurig. Sie hat zu nichts mehr Lust. Am liebsten würde sie nicht mehr zur Schule gehen. Mama nimmt sie in den Arm und sagt: »Ich verstehe dich, Julika. Aber Schule muss sein. Geh nur, mein Schatz. Es wird dir helfen, deine Freunde zu sehen. Vielleicht

kommst du auf andere Gedanken!« Julika kann sich das nicht vorstellen. Wie soll sie an etwas anderes denken? Ihr Kopf ist so leer. Und so voll mit ihrer Traurigkeit und den vielen Gedanken an Opa. Da hat nichts anderes mehr Platz! Es tut richtig weh, dass Opa nicht mehr da ist. Er ist einfach gestorben! Papa sagt, das hätte man wissen müssen. Opa war schon 90 Jahre alt. Und er hatte auch immer gesagt: »Eines Tages, meine kleine große Julika, werde ich nicht mehr da sein! Vergiss mich nicht! Und pass gut auf das auf, was du von mir bekommen hast!« Julika wollte das nicht hören. Sie hat sich die Ohren zugehalten und gesungen. Und gedacht, so schnell geht Sterben nicht.
Geht es leider doch! Morgens lag der Opa im Bett. Eingeschlafen und gestorben. Ohne Auf Wiedersehen zu sagen! Vielleicht hätte er das gern getan. Aber vielleicht hatte er das ja getan, und sie wollte nicht hinhören! Manchmal ist sie SO wütend! Wie konnte Opa nur sterben! Er war so wichtig für Julika! Alles konnte er erklären, fast alles wusste er. Ihm konnte sie Dinge erzählen, die sie mit den Eltern niemals hätte besprechen können! Er kannte so viele ihrer Geheimnisse! Die hat er alle mitgenommen! Wenn sie etwas falsch gemacht hat, hat er sie getröstet. »Das war falsch, Julika. Meinst du nicht, … wäre besser gewesen?« Ja, das wäre es. Julika verstand es. Opa war immer ehrlich gewesen und hatte ihr die Meinung gesagt. Aber so, dass sie am Ende etwas fürs Leben gelernt hatte. So, dass sie am Ende wusste: Das würde sie nicht mehr falsch machen.
Opa war der beste Geschichtenerzähler. Julika, ihre Freundinnen und Freunde liebten seine Geschichten. Wie hatten sie oft mit ihm gesessen und gelacht! Dann war Julika stolz auf ihren Opa. Ja, sie WAR stolz. Und jetzt IST sie nur noch traurig. Und allein. Und wütend. Und verzweifelt. Obwohl – eigentlich ist sie immer noch stolz auf Opa. Wer hat schon einen Opa wie sie, der auch noch nebenan gewohnt hat und an den sie so viele schöne Erinnerungen hat? Niemand! Aber das macht sie gleich wieder traurig. Es tut richtig im Herzen weh, dieses Vermissen.
Da schellt es. Julika schlurft zur Tür. Es ist Marita. »Kommst du, Julika? Ich dachte, wir gehen heute besser zusammen zur Schule. Ich habe gehört, dein Opa ist gestorben. Das ist so traurig! Ich dachte, heute brauchst du eine Freundin an deiner Seite.« Julika kommen schon wieder die Tränen. Da nimmt Marita sie in den Arm. Sie flüstert Julika ins Ohr: »Du, ich bin auch traurig. Ich hatte deinen Opa auch lieb. Weißt du noch die Geschichte mit der weißen Maus …?«
Julika muss grinsen, trotz der Tränen. Ja, die weiße Maus, die aus dem Käfig geflüchtet war! Julika und Marita gehen los. Sie erzählen sich viel vom Opa. Sie lachen und weinen durcheinander. Es ist, als wäre der Opa ganz nah. Julika fühlt sich getröstet.

Christine Grans

Kachelkreuz

Die Mitte kann auch als Kreuz, das nach und nach gefüllt wird, gestaltet werden. Die Mitte des Kreuzes bildet das Licht (Kerze, kann auch auf einer bemalten Kachel stehen). Im Uhrzeigersinn von oben an werden gleichgroße Quadrate aus fünf großen Kacheln (30x30 cm) gelegt. Das Kreuz wird zum Lebenszeichen. Kreuze für die Kinder zum Mitnehmen können aus kleineren Kacheln (15x15 cm) gestaltet werden, indem sie mit den entsprechenden Symbolen beklebt oder bemalt werden.
Als Vertiefung werden für jeden Gottesdienst Erlebnis-Aktionen angeboten:

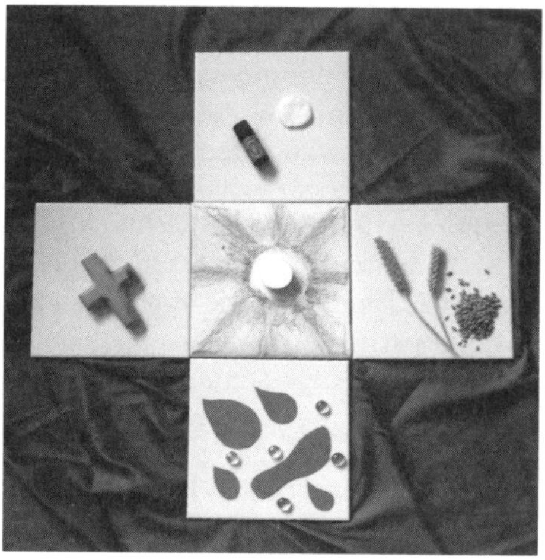

Foto: Christine Grans

Judica – Salbung

Wir salben uns gegenseitig mit duftendem Öl (auf der Außen- oder Innenfläche der Hand, alles andere ist Kindern zu nah) und spüren die Wohltat.

Palmarum – Wachstumsmeditation

Das Weizenkorn ist winzig. Wir machen uns so klein wie das Weizenkorn.	*Auf den Boden hocken, klein machen*
Spürst du, kleines Weizenkorn, wie deine Schale dich fest und sicher umschließt? Du liegst gut in der Erde, sicher und geborgen. Wasser rinnt von oben an dich heran. An dir herab. Du nimmst die Flüssigkeit auf. Du wirst prall, und bald ist deine Schale zu klein. Du sprengst sie auseinander und da: Ein kleiner Keim reckt sich nach oben.	*Die Hand wächst langsam aus dem Korn nach oben.*
Und auch nach unten wächst du: Du bekommst Wurzeln, die sich fest in die Erde graben. Du bekommst einen sicheren Stand.	*langsam aus der Hocke gehen, bis man sicher mit beiden Beinen auf dem Boden steht*

Dein Keim wächst und wächst. Da: Er schaut aus dem Boden heraus! Sieh nur, wie hell es ist! Die Sonne scheint warm auf dich herab. Der Wind weht dich hin und her.	*Arm im Wind wiegen*
Der Regen prasselt auf dich herab	*Hand hängen lassen*
Und dann scheint wieder die Sonne. Das alles tut dir gut. Du wächst und wächst.	*Ganz ausstrecken, beide Hände zusammen nach oben, im Wind wiegen, von der Sonne bescheinen lassen, den Regen spüren.*
Merkst du, wie groß du geworden bist? Und da, oben an deiner Spritze, da wächst etwas Neues: Körner wachsen.	*Aus den Händen eine Knospe formen, die Hände spreizen*
Weizenkörner. So, wie du eins warst. Neues Korn. Neues Leben. Neue Kraft. Du, kleines Weizenkorn in neuer Gestalt.	

Gründonnerstag – Fußwaschung

Wir waschen uns gegenseitig die Füße mit warmem Wasser und trocknen sie mit einem weichen Tuch ab. Alle können die Wohltat spüren.

Karfreitag – Ein Gang zum Friedhof

Wir besuchen die Gräber der Verstorbenen, legen Blumen ab, betrachten Worte und Symbole und machen eigene Beobachtungen. Gemeinsam etwas zu essen und das gegenseitige Segnen sollten den Spaziergang abrunden.

Sonn-/Feiertag	Symbole für die Kachel	Kreative Erlebnis-Aktion
Judica	(Salb-) oder Duftöl auf Löschpapier oder Duftstreifen (Parfümerien)	Salbung
Palmarum	Verschiedene Stadien vom wachsenden Weizenkorn	Wachstumsmeditation mit dem ganzen Körper
Gründonnerstag	Wassertropfen, Fuß	Fußwaschung
Karfreitag	Kreuz und Kerze/Licht	Ein Gang zum Friedhof

Stichworte:
Abschied, Trost, Begleitung, was gut tut, Kreuz

Christine Grans

Menschen begegnen dem Auferstandenen – Ostermenschen

05.04.2015
(Ostersonntag)
»Und das hat er zu mir gesagt« – Von Gott angesprochen
(Johannes 20,1.11–18)

12.04.2015
(Quasimodogeniti)
»Mein Herr und mein Gott« – Von Gott angerührt
(Johannes 20,24–29)

19.04.2015
(Misericordias Domini)
»Kinder, habt ihr nichts zu essen?« – Von Gott versorgt
(Johannes 21,1–14)

Johannes erzählt seine Geschichten von Ostern mit bestimmter Absicht.
Es sind Geschichten für Menschen, die nicht dabei waren – also auch für uns. Er berichtet, wie Menschen von der Begegnung mit dem Auferstandenen aus dem Garten in ihren Alltag zurückkehren. Das soll den Glauben im Alltag stärken.
Es sind Geschichten für Menschen, die weinen und fragen und seufzen – wie heute auch noch. Die Gefühle dieser Menschen sind beispielhaft beschrieben. So wird deutlich, welche Wirkung die Begegnung mit dem auferstandenen Christus haben kann. Wer zuhört, soll ermutigt werden, den Auswirkungen dieser Lebensbotschaft zu trauen und sich auf sie einzulassen. Dabei ist besonders der Garten aus der ersten Erzählung ein Symbol dafür, wie Neues entstehen kann.
Schließlich sind es Geschichten für Menschen, die sich zu dem Auferstandenen bekennen. Alle drei Geschichten zielen darauf ab, ein Bekenntnis abzulegen: Maria kehrt zurück und verkündet die Botschaft der Auferstehung; Thomas erkennt Jesus und bekennt: »Mein Herr und mein Gott!«; Petrus antwortet dreimal: »Ja Herr, du weißt, dass ich dich liebhabe!«
In dieser Ausarbeitung soll ein Ostergarten gestaltet und Kindern ihr Bekenntnis ermöglicht werden.

Liturgische Gestaltung

Der Sonntag »Misericordias Domini« wird auch »Sonntag des Guten Hirten« genannt. In der Mitte der Geschichte von Petrus und den Jüngern findet sich die dreimalige Aufforderung: »Weide meine Schafe (bzw. Lämmer)!« Wo Kindergottesdienste gemeinsam mit den Erwachsenen beginnen, oder in einem Familiengottesdienst kann darauf eingegangen werden.

Zusammenkommen – sich Gott zuwenden

Votum

Im Namen Gottes, der ins Leben ruft.
Im Namen des Sohnes, Jesus, der vom Tod ins Leben springt.
Im Namen des Heiligen Geistes, der lebendig macht und belebt.

Osterpsalm

Kehrvers gesungen: Er ist erstanden! Halleluja! (EG 116)
Eine/r: Freut euch, Ostern ist da! Gott hat das gemacht.
Lasst uns freuen und fröhlich darum sein!
Christus ist auferstanden! Freut euch überall!
Kehrvers gesungen: Er ist erstanden! Halleluja! (EG 116)
Eine/r: Jesus lebt – alle sollen es hören!
Jesus ist auferstanden!
Alle sollen es erfahren!
Er ist wahrhaftig auferstanden!
Alle sollen Gott loben!
Kehrvers gesungen: Er ist erstanden! Halleluja! (EG 116)
Eine/r: Traurige werden getröstet und wieder froh.
Zweifelnde erhalten eine Antwort und können wieder lachen.
Gescheiterte können neu anfangen.
Freut euch, denn:
Kehrvers gesungen: Er ist erstanden! Halleluja! (EG 116)

Klage und Lob

Für Misericordias Domini kann zur liturgischen Gestaltung ein Netz gebraucht werden. In der Mitte liegt ein leeres Netz (Dekogeschäft oder Verlag Junge Gemeinde). Die Kinder bekommen Papierbögen in unterschiedlichen Farben. Die Kinder »denken« ihre Klagen, Zweifel, Seufzer in das Papier hinein und knüllen es zusammen. Jeder Durchgang wird damit beendet, dass die Papierknäuel in das Netz geworfen werden. Dabei wird die Klage zusammengefasst mit einem Gebet und einem gesungenen »Herr, erbarme dich!«

Anregungen für die Klagen:

Wann war ich traurig? Wann hab ich den Kopf hängen lassen? Wann war mir zum Heulen zumute? – *Ach Jesus, sammle unsere Klagen: Herr erbarme dich!*

Wann war ich enttäuscht von jemandem, der sein Wort nicht gehalten hat? Gibt es Momente, wo ich zweifle – an mir selbst, an andern, an dem, was jemand sagt? – *Ach Jesus, höre unsere Fragen: Herr erbarme dich!*

Wann hatte ich das Gefühl: Ich schaff das nicht!? Was war mal misslungen? Wann hatte ich den Eindruck: Es geht nicht mehr weiter? – Ach Jesus, stille unser Seufzen: Herr, erbarme dich!

Lob können wir auch mit Liedern und Tanz ausdrücken:
Tanzgestaltung von *Christ ist erstanden* (EG 99)

Christ ist erstanden	*im Kreis hocken, langsam aufstehen, aber den Kopf noch gesenkt*
von der Marter alle	*langsam den Kopf heben, einander anlachen*
des soll'n wir alle froh sein	*4 langsame Schritte in die Kreismitte, dazu 4 x klatschen, auf »sein« 2 x klatschen*
Christ will unser Trost sein	*genau so zurück zur Ausgangsposition*
Kyrie eleis	*die Arme rechts und links ausbreiten und verneigen – alles wiederholen*

Hören und Antworten

Alle drei Geschichten zielen auf ein Bekenntnis (s. o.). Daher ist es angemessen, wenn bei diesen Kindergottesdiensten dem Glaubensbekenntnis besonderer Raum verschafft wird. Fische sind ein altes Symbol der bekennenden Christen. Die Anfangsbuchstaben des griechischen Wortes (Ichthys) stehen für: »Jesus-Christus – Sohn Gottes – Retter« In der Urchristenheit war es ein Erkennungszeichen. Heute sieht man es als Aufkleber auf manchen Autos – auch ein Bekenntnis!

Quasimodogeniti

Wir ergänzen den Satz: »Jesus, du bist der, der …« auf Fischen aus Tonpapier.
Beispiele:

Unsere kleinen Bekenntnisse werden zu den Thomas-Figuren in den Ostergarten gelegt.

Misericordias Domini

Fische werden aus Tonpapier ausgeschnitten, auf eine Seite kann geschrieben werden: Was macht mir Kummer – was macht mir Freude? Sie werden mit Gedanken zu: Was ist mir wichtig? Im Leben – im Glauben? in das Netz (s. u. S. 44f.) im Ostergarten gelegt.

Sendung – Segen

Der »Ostergarten« liegt in der Mitte. Aus den Gruppen werden die Gestaltungen dazu gelegt. Kleine Lichter werden an der Osterkerze entzündet und mit einem Hoffnungssatz auf die Sandflächen gestellt.
Weitere liturgische Gestaltungsideen zur Reihe *(Material im Internet, siehe Vorwort)*

Kurzgeschichte

Fisch, Hahn Schaf

Die drei saßen um den Tisch und hatten Langeweile. Am anderen Ende saß Opa und nahm Fisch aus fürs Abendessen. Er sah zwar nicht alles, schon gar nicht alle Gräten, aber er machte das immer noch gerne. Die drei Enkel fingen ein Ratespiel an, um sich die Zeit zu vertreiben: Was gehört zusammen? Der Jüngste fing an: »Schiff und Netz und Fisch« –»Ach einfach!«, meinte der Ältere, »fährt einer raus mit 'nem Schiff, wirft' s Netz raus und fängt Fische.« »Wenn das immer so einfach wär!«, brummte Opa. Jetzt durfte der mittlere weitermachen: »Wie gehört das zusammen: Löwe, Zebra, Elefant!« – »Der Löwe fängt das Zebra ...???« – »Nee«, meinte der Älteste, »alles Tiere in Afrika!« Bevor er selbst ein Rätsel sagen konnte, sagte Opa dazwischen: »Jetzt nenn ich euch mal was: Wie gehört das zusammen: Fisch-Hahn-Schaf?« Der Jüngste: »Kann man alle essen!« Der Mittlere: »Stehen alle bei uns im Stall!« – »Ach Quatsch«, meinte der Älteste, »ein Fisch im Stall, wie???«, und tippte sich mit dem Finger an die Stirn. »Aber sag mal Opa, was meinst du denn?« Wenn Opa anfing, seine Geschichten zu erzählen, wurde das schnell spannend. »Also Fisch. Na ja, als junger Kerl, da war ich ja Fischer. Mit meinem Bruder und den andern. Jede Nacht raus mit dem Boot und Fische fangen. Deshalb Fisch. Nur einmal: da waren wir die ganze Nacht draußen und fingen nichts. Nicht mal so einen kleinen. Ja, und dann kam Jesus und hat mich rumgekriegt. Seitdem bin ich bei ihm. Oder besser: Er ist bei mir!« – »Aber, Opa, der ist doch schon tot, der Jesus!«, rief der Kleinste. »Nicht ganz«, verbesserte der Älteste, »der ist ja auch wieder lebendig geworden. Also, nicht so ganz lange …« »Richtig«, erwiderte Opa, »deshalb haben auch die beiden andern Tiere damit zu tun: Der Hahn – der erinnert mich an meine dunkelste Stunde. Da hab ich Jesus verleugnet, getan, als ob ich ihn gar nicht kenne. Und dann krähte der Hahn. Also, wenn ich einen Hahn höre …« – »Ich kann die auch nicht leiden. Immer viel zu früh. Und so laut!«, meinte der Älteste. »Und das dritte Tier, das Schaf? Was ist damit?« – »Das kam danach. Wieder waren wir am See, zum Fischen. Wieder nichts gefangen, die ganze Nacht nicht. Und wieder war er da am Ufer, wartete auf uns, schickte uns nochmal los – und solch ein Fang!! Und wie wir zurückkamen, hatte er schon ein Feuer an und Fische gebraten! Solch ein Herr! Und mir sagte er dann: Weide meine Schafe! – Und das tue ich noch heute!« Er blickte liebevoll den Jüngsten an. »Ja, er sagte sogar: meine Lämmer! Sich um die Kleinsten kümmern – das ist meine Aufgabe. Noch heute!« Er strich seinem jüngsten Enkel über den Kopf. »Fisch und Hahn und Schaf hängen mit mir, mit meinem Leben zusammen. Sie sind die Tiere meines Lebens.«, sagte Petrus, der Opa.

Volker Horstmeier

Auch die Erzählung von Oscar Wilde kann als Vertiefung des Auferstehungsgedankens genutzt werden, denn in dieser Geschichte spielt sich im Garten die entscheidende Veränderung ab, die neue Hoffnung mit sich bringt. Das ist auch so in der ersten Geschichte, wo Maria dem Auferstandenen im Garten begegnet und dort total verändert wird.

Der selbstsüchtige Riese von Oscar Wilde, zu finden: http://www.yolanthe.de/stories/wilde01.htm

Kreative Ideen

Ostergarten

Es wird ein Ostergarten erstellt. Dabei wird das Motiv der ersten Geschichte in besonderer Weise aufgenommen und als Symbol für das neue Leben dargestellt.

Vorbereiten: Ein großes Tablett oder ein Brett mit Rand wird mit einem Tuch ausgekleidet, der Boden mit Alufolie belegt und mit Sand in einer Stärke von etwa 2 cm bestreut. Nun Vlies oder Watte in Kreuzform auslegen, später sollen die Kacheln darauf gelegt werden. Es wird gut angefeuchtet und dient als Basis für den Kressesamen. Die Kresse muss man zeitlich so säen, dass sie rechtzeitig aufgegangen ist und ein dichtes grünes Band um die Kachelbilder bildet.

Gestalten: Zu den drei Geschichten werden jeweils zwei Kacheln gestaltet (mit Porzellanmalern oder feinen Filzstiften). Dabei soll die jeweilige Veränderung deutlich werden.

Mitte	Zunächst eine dunkle Grabeshöhle, später umgeben von einem kräftigen Licht und dem Satz: Ostern – Jesus lebt!	*Zentralkachel als Osterkachel*
Maria	Tränen der Trauer als leuchtende Farbpunkte	*links und rechts von der Zentralkachel*
Thomas	Fragezeichen/schwarze Hände – Ausrufezeichen/farbige Hände	*über und unter der Zentralkachel*
Petrus und Jünger	leeres Netz – Netz voller Fische	*ganz unten unterhalb der Zentralkachel*

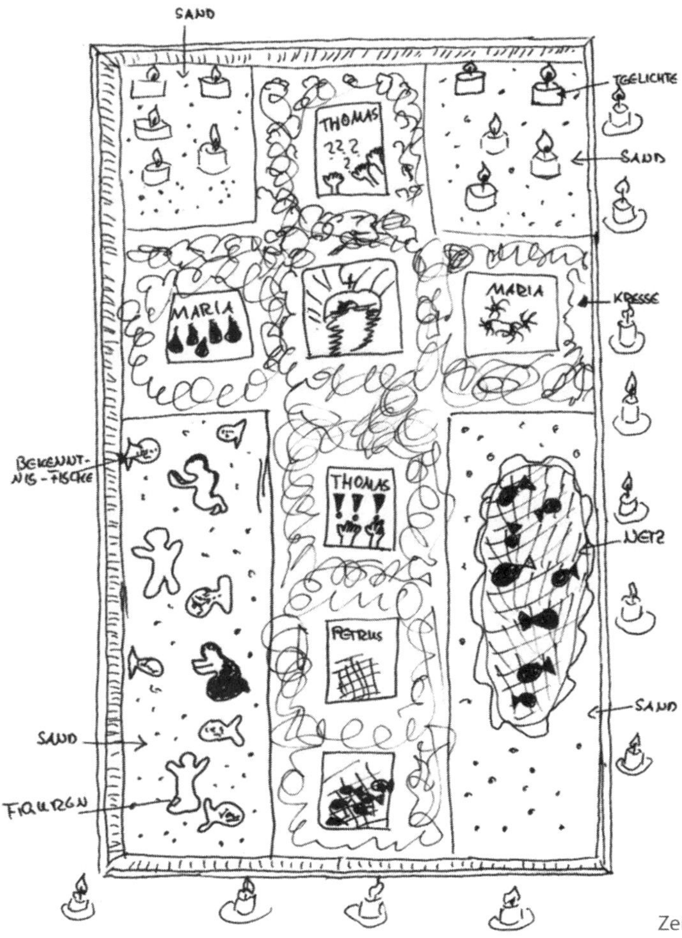

Zeichnung: Urd Rust

Ostern – Maria im Garten

Die Erzählung kann mit mit Tüchern, Steinen und Kerzen gestaltet werden. Ein Maria-Teelicht wird an der Osterkerze entzündet, das 10 Jünger-Teelichte mit ihrer Osterfreude *ansteckt*. Die Teelichte können anschließend bei der Gesamtgestaltung des Ostergartens oberhalb des Querbalkens aufgestellt werden.

Quasimodogeniti – Thomas

Grundlage unserer Gedanken ist die Plastik »Das Wiedersehen« von Ernst Barlach: http://www.ernst-barlach.com/barlach-pl-390-das-wiedersehen.html – Im Untertitel heißt sie »Jesus und Thomas«. Nach einer Bildbetrachtung (Körperhaltung, Hände, Augen) stellen wir diese mit unseren eigenen Körpern nach. Man kann das als Partnerübung durchführen; eindrücklicher wird es jedoch, wenn das Gegenüber ein Kreuz ist, das so groß ist wie die Kinder. Dann wird begreifbar: Jesus, der gekreuzigte und auferstandene Herr, begegnet mir, richtet mich auf. Nun werden diese Körperhaltungen an Biegepüppchen oder mit Knetfiguren festgehalten. Die Figuren stellen wir in den Ostergarten in das untere linke Viertel. Dazu legen wir unsere kleinen Fisch-Bekenntnisse.

Misericordias Domini – Petrus

Wie in einem Netz sicher aufgehoben war Petrus während seines Weges mit Jesus. Das Netz, das er bei seiner Berufung (Lukas 5, 1ff) auswarf, verwandelte ihn zum Menschenfischer in der Nachfolge Jesu. Auch diese Ostergeschichte erzählt ganz ähnlich von der großen Verwandlung und dem wunderbaren Neuanfang. Darum nehmen wir ein kleines Netz und legen es geöffnet in das untere rechte Viertel des Ostergartens. Hier hinein werden die »Was-ist-mir-wichtig-Fische« gelegt.
Wir nehmen das Motiv des »Picknicks« auf und teilen uns »Fischlis« oder gebackene Kekse oder Brötchen in Fischform.

Weitere kreative Ideen zur Reihe *(Material im Internet, siehe Vorwort)*

Stichworte:
Ostergarten, Bekenntnis, Lebenswandlung

Volker Horstmeier

Staunen und Loben mit den Psalmen

26.04.2015
(Jubilate)
Jubeln im Himmel und auf Erden
(Psalm 148)

03.05.2015
(Kantate)
Staunen:
Wie schön hast du alles gemacht, Gott
(Psalm 104)

10.05.2015
(Rogate)
Sich wundern: So nah bist du, Gott
(Psalm 139)

Die Psalmen sind das Gebetbuch der Bibel. In den Psalmgebeten bekommen Klage und Jubel, Staunen und Dankbarkeit, Verzweiflung und sehnsüchtiges Bitten einen Ausdruck. Die Psalmen erinnern uns an existentielle Grunderfahrungen der Menschen damals wie heute. Sie sind den Kindern auch vertraut. Kinder kennen Augenblicke, in denen sie staunen vor Glück, jubeln vor Freude, weinen vor Angst und sehnsüchtig auf die Nähe von lieben Menschen warten. All diese Emotionen kommen auch in den ausgewählten Psalmen dieser Reihe zur Sprache. So finden sich in dieser Reihe Anregungen, die »alten Texte« neu zu formulieren; in Übersetzungen der Basisbibel und in weiteren Psalmübertragungen. Die kreativen Ideen mögen anregen, den Schatz der menschlichen Erfahrungen, der sich in den Psalmen verdichtet, in Klang und Farbe, mit Sprache und Gesten zum Ausdruck zu bringen. Mit selbst hergestellten Musikinstrumenten stimmen wir ein in den Jubel und das Loben über die Schöpfungswerke Gottes im Himmel und auf Erden. Am Sonntag Kantate dürfen wir staunen über alles, was Gott uns schenkt, und bringen dies mit einem gemalten Psalmkunstwerk zum Ausdruck. Die Kurzgeschichte lenkt den Blick auf kleine und große Wunder.
Die Erfahrung und die Sehnsucht von Kindern und Erwachsenen, dass Gott uns begleitet auf all unseren Wegen, verdichtet sich in der meditativen »Sanderzählung« von Psalm 139.

Liturgische Gestaltung

Zusammenkommen – sich Gott zuwenden

Votum

Wir zünden die Kindergottesdienstkerze an mit den Worten:
Wie schön, dass wir heute zusammen sind im Namen Gottes, der Himmel und Erde und auch uns geschaffen hat,

im Namen Jesu Christi, der Gottes Liebe in die Welt gebracht hat,
und im Namen des Heiligen Geistes, der Himmel und Erde und uns miteinander verbindet.
Amen.

Loblied

Wir wollen Gott loben und preisen mit dem Lied »Lasst uns miteinander, lasst uns miteinander singen, loben, preisen (danken) den/dem Herrn (MKL I 23) mit Bewegungen.

Wir stehen im Kreis, halten uns an den Händen und schauen uns an.

Lasst uns miteinander,	*Wir schauen die anderen lächelnd an,*
Lasst uns miteinander	*wir nicken einander freundlich zu.*
singen,	*Hände lösen und öffnen,*
loben,	*in die Hände klatschen,*
danken dem Herrn.	*und die Hände nach oben heben!*
Lasst uns das gemeinsam tun: singen, loben, danken dem Herrn.	*Wiederholung*
	Wir fassen uns an den Händen und gehen, mit dem rechten Fuß beginnend,
Singen, loben, danken dem Herrn.	*vier Schritte nach rechts*
Singen, loben, danken dem Herrn.	*vier Schritte zur Mitte*
Singen, loben, danken dem Herrn.	*vier Schritte nach außen*
Singen, loben, danken dem Herrn.	*vier Schritte nach links.*

Eingangsgebet mit Murmeln

In der Mitte liegt ein rotes Tuch auf dem Boden, darauf steht die Kigo-Kerze. Eine Schüssel mit bunten Murmeln steht bereit.
Die Kinder nehmen sich eine Murmel und überlegen, wofür sie Gott loben wollen, wofür sie danken möchten. Wer mag, spricht Lob und Dank laut aus und legt dabei die Murmel auf das Tuch.

Danach singen wir noch einmal das Lied »Lasst uns miteinander«.
Am Ende des Gottesdienstes dürfen die Kinder ihre Murmel als Erinnerung mitnehmen.

Hören – Antworten

Jubilate

Hier passt der Psalm 148 in der Übersetzung der Basisbibel – Die Psalmen, Deutsche Bibelgesellschaft, Stuttgart 2012

Kantate

Hier passt der Psalm 104 in der Psalmübertragung aus: Martin Polster/Elena Temporin, Gib mir Wurzeln, lass mich wachsen – Psalmen für Kinder, Stuttgart 2009

Rogate

Hier passt der Psalm 139 als meditative Geschichte gestaltet (s. u.)

Kurzgeschichte

Die Kurzgeschichte kann anregen, mit den Kindern weiter zu überlegen, worüber wir alles dankbar staunen können.

Das Wunderspiel

Großmutter sagt immer, die ganze Welt ist voller Dinge, die man mit seinem Kopf nicht begreift. Einmal, als sie hier bei uns war, haben wir auf einem Spaziergang mit ihr das »Es ist ein Wunder«-Spiel gemacht. Großmutter sagte: »Es ist ein Wunder, dass meine Beine ganz von selber laufen können. Oben mit meinem Kopf rede ich und schaue mir die Gegend an, und unten laufen die Beine immer weiter!«

Da rief Dirk: »Es ist auch ein Wunder, dass sie stehen bleiben, wenn ich es will. Ich denke: Halt! Und schon halten sie an.«

Eine Weile spielen wir »anhalten« und »weiterlaufen« und »links oder rechts abbiegen«. Es ist wirklich ein Wunder, dass die Arme und die Beine tun, was der Kopf will. Wie können sie das nur? »Es ist ein Wunder, dass die Sonne nicht vom Himmel herunterfällt und auf die Erde draufknallt«, sagt Annegret schließlich. »Sie ist doch nirgends festgemacht!«

»Und – und – und … es ist ein Wunder, dass der Mond nicht herunterfällt und auf die Erde draufknallt«, rief Sofie. Sie sagt immer das Gleiche wie wir Großen.

Wir wussten noch viele Wunder: dass das Meer nicht überläuft, obgleich in jedem Augenblick unzählig viele Flüsse ihr Wasser dorthin bringen. Dass jedes Jahr Frühling, Sommer, Herbst und Winter hintereinander kommen und nie die Reihenfolge verwechseln. Dass wir Kinder ganz von allein wachsen, bis wir groß sind, und dann damit auf-

hören. Auf einmal kam uns ein Mann entgegen, der einen Rollstuhl vor sich her schob. Eine Frau saß darin. Wir wurden still und warteten, bis sie vorüber waren.
Der Mann schob den Rollstuhl mit einer Hand. Die andere Hand hatte er der Frau auf die Schulter gelegt. Sie lehnte ihren Kopf daran und lächelte. Ja, obwohl sie im Rollstuhl sitzen musste, lächelte sie.
Großmutter sah den beiden nach und sagte: »Es ist ein Wunder, dass es die Liebe gibt!« Ja. Großmutter hatte recht: Überall geschehen wunderbare Dinge.

Aus: R. Schupp, G. Vicktor: Gemeinsam feiern, Spiel und Arbeitsblätter für Gottesdienst und Gemeindearbeit mit Kindern, Lahr

Christine Wolf

Kreative Ideen

Die kreativen Ideen werden den einzelnen Motiven der drei Sonntage zugeordnet: JUBELN, STAUNEN, SICH WUNDERN.

Jubilate – Jubeln

Musikinstrumente herstellen und mit ihnen das Lob Gottes zum Klingen bringen

Zeichnungen: Urd Rust

Einfache Rassel aus einer PET Flasche herstellen

leere durchsichtige 0.5 PET Flasche (z. B. vom Mineralwasser)

Das Etikett wird entfernt, dann die Flasche mit Material befüllt. Je nachdem, ob die Rassel eher leise oder laut klingen soll, sind Sand, Papierschnipsel, Federn (leise) oder Perlen, Büroklammern, Steine (laut) geeignet. Falls die Flaschenöffnung zum Füllen zu eng ist, wird diese aufgeschnitten und später mit festem Klebeband wieder verschlossen.

Rassel aus Joghurtbecher herstellen

zwei saubere, gleiche Joghurtbecher

In einen der Becher werden kleine Steine oder Sand gefüllt. Dann wird der zweite Joghurtbecher umgedreht, genau auf die Öffnung des ersten Bechers gesetzt und beide Teile werden mit Klebeband zusammengeklebt. Nun braucht man Kleister und buntes Transparentpapier in Schnipseln. Die bunten Schnipsel

werden mit dem Kleister rund um die Joghurtbecher geklebt. Dann kann die komplette Rassel mit Kleister bestrichen werden, damit alle Farbschnipsel halten.
Mit den Rasseln loben wir Gott und sein Schöpfungswerk, in dem wir das Lied »Laudato si« singen und die selbst hergestellten Instrumente dazu einsetzen.

Kantate – Staunen

Unser Staunen bringen wir zum Ausdruck in einem Psalm-Kunst-Werk, denn Gott hat die Welt wunderbar geschaffen. Alle Elemente der Schöpfung, Pflanzen, Tiere und Menschen, bilden ein großes Gesamtkunstwerk. Dies soll mit dem Kreativvorschlag nachgebildet werden.

Herstellung eines Psalm- Kunstwerks aus Einzelteilen

kleine quadratische Leinwände 30 oder 40 cm (im Baumarkt Acrylfarbe, Pinsel)
Die Kinder suchen sich einen Satzteil aus dem Psalm 104 aus und gestalten diesen mit Farbe und Pinsel einzeln auf ihrer kleinen Leinwand. Danach werden die einzelnen Leinwände zu einem großen Psalmkunstwerk zusammengesetzt und können den Kindergottesdienstraum oder die Kirche schmücken.

Foto: Urd Rust

Rogate – Sich wundern

Wir wundern uns mit dem Psalm 139, der in einer meditativen Erzählung im Sand gestaltet wird.

Meditative Erzählung im Sand

Material: Ein großes Tuch/Sandsack/Karton wird auf dem Boden ausgelegt und mit Sand (Vogel- oder Fugensand) gefüllt. Alternativ kann auch ein transportabler Sandkasten aufgestellt werden. Dazu: Holzkegelfigur, 7 cm, Egli-Figur oder Biegepuppe.

Ich erlebe immer wieder: Ganz gleich, wo ich bin, ganz gleich, wie es mir gerade geht, ob ich	
traurig bin oder glücklich, wenn ich Angst habe oder mich ganz arg freuen darf: Gott ist bei mir, er begleitet mich auf allen meinen Wegen.	*mit den Händen durch den Sand fahren, Wege und Kurven nachzeichnen, Hügel und Täler gestalten*
Ja, Gott ist bei mir und begleitet mich auf allen meinen Wegen.	*Figur zeigen, in den Sand stellen und segnend die Hand darüber halten*
Wenn ich sitze, wenn ich liege, wenn ich stehe und gehe,	*Figur in den Sand drücken, Figur auf den Sand stellen und umhergehen*
immer ist Gott bei mir und umgibt mich mit seinem Segen auf allen meinen Wegen.	*Hand segnend über die Figur halten*
Könnte ich hoch hinauffliegen … bis in den Himmel,	*Figur hochheben*
darf ich ganz sicher sein: Gott ist da.	*Hand segnend über die Figur halten*
Bettete ich mich unter der Erde bei den Verstorbenen,	*Figur unter den Sand legen*
darf ich sicher sein: Gott ist da.	*Hand segnend über Figur halten*
Hätte ich Flügel und könnte mit ihnen bis zum äußersten Meer fliegen, darf ich ganz sicher sein: Gott ist da.	*Figur steht aus dem Sand auf und kreist über dem Sand*
An Gottes Hand kann ich meinen Weg gehen.	*Figur geht durch den Sand, begleitet von der segnenden Hand*
Denn mein Gott ist mir immer nahe,	*Figur wird in den Sand gelegt*
auch in schweren Zeiten, wenn mir das Herz schwer wird und ich mich alleingelassen fühle, darf ich sicher sein: Gott ist da, ist mir ganz nah.	*Hand wird segnend über die Figur gehalten*

Hier passt noch das **Lied**: *Wo ich gehe, bist du da:*

Aus : Das Liederheft *Kirche mit Kindern* I (KIMMIK I)

Stichworte:
Psalmen, Staunen, Loben, Jubeln, Schöpfung, Nähe Gottes

Christine Wolf

(M)ein geheimnisvoller Freund – der Paraklet

14./17.05.2015
(Himmelfahrt/Exaudi)
Freundschaft für immer –
Im Geist ist Jesus nahe
(Johannes 14,15–26)

24./25.05.2015
(Pfingstsonn-/Pfingstmontag)
Freund halten zusammen –
Jesus schenkt neue Kraft
(Johannes 20,19–22)

31.05.2015
(Trinitatis)
In guten wie in schlechten Zeiten –
Gottes Geist führt und leitet
(Johannes 16,5–15)

Wie kann die Beziehung zu Jesus Christus lebendig bleiben? Dies war eine der zentralen Fragen der ersten Christen. Sie hatten sich nach den Geschehnissen in Jerusalem neu orientiert. Gleichzeitig verstanden sich diese ersten Gemeinden als Boten Jesu, die das Evangelium in die Welt zu tragen hatten. Die Augenzeugen waren mittlerweile verstorben. So fragten sie sich immer wieder, auf welche Weise dies geschehen könnte.
In dieser Situation will der Evangelist Johannes zeigen, wie die Beziehung zu Jesus lebendig bleiben kann. Er bringt auf seine eigene Art die unsichtbare Welt des Glaubens zur Sprache. Für ihn und seine Gemeinde steht die Bezeugung des christlichen Glaubens in einer heidnischen Umwelt im Vordergrund. Johannes bemüht sich, von der Zeit Jesu so zu erzählen, dass sich die Leser in ihrer eigenen Lebenssituation darin wiederfinden können. Er fasst dabei auch den Beistand des Heiligen Geistes in Worte. Johannes beschreibt dieses Wirken des Heiligen Geistes, indem er die Vorstellung vom Parakleten entfaltet. Nur in seinem Evangelium finden wir die Bezeichnung »Paraklet«. »Der Herbeigerufene« ist die wörtliche Übersetzung, doch inhaltlich meint Johannes einen Fürsprecher, einen Tröster und einen Beistand.
In besonderer Weise stellt Johannes in diesen Texten die Beziehung und die Begleitung von Menschen heraus: *»Euer Herz erschrecke nicht«* (Joh 14,1) – mit diesen Worten beginnen die sogenannten Abschiedsreden Jesu. Jesus bereitet seine Jünger auf den Abschied vor. Dies geschieht tröstend und ermutigend. So wird auch der Blick auf das Neue gerichtet, das mit diesem Abschied beginnt. Der Paraklet wird das bei den Jüngern fortsetzen, was Jesus begonnen hat. Die Erinnerung an Jesus wird durch ihn wach und lebendig gehalten werden.
Die Jünger oder die Freunde Jesu – wie er selbst sie bezeichnet hatte – haben Nähe, Vertrautheit, Innigkeit und Liebe erfahren. So etwas zu verlieren, macht auch Angst. Mit dem Parakleten kehrt Jesus auf andere Weise zu ihnen zurück. Ort und Zeit sind aufgehoben, denn durch den Parakleten wird die Vergangenheit des Lebens Jesu mit der Gegenwart der Gemeinde verbunden. Der Paraklet begleitet die Jünger in ihrem Leben und bei ihren Aufgaben. Er gibt ihnen Orientierung.
Eine elementare Erfahrung vieler Menschen ist, dass eine Freundschaft, eine Beziehung auch über große Entfernungen bestehen bleibt und sie durch schwierige Situationen

trägt. Das gleiche gilt auch für die Sehnsucht nach einem starken Begleiter. In verschiedenen Entwicklungsphasen haben viele Kinder einen imaginären Freund (siehe auch Willi Wiberg oder Anne Frank), der sie auf bestimmten Lebensabschnitten begleitet. Der Paraklet – dieser geheimnisvolle Freund, den Johannes uns nahebringt, hat seinen Platz im Alltag der Christen heute.

Liturgische Gestaltung

Bei allen Gottesdiensten dieser Reihe wird zu Beginn das Lied »Ich bin da« gesungen. Weitere Strophen werden mit den Kindern gemeinsam neu formuliert.

Text und Melodie: Hanni Neubauer, aus: Religionspädagogische Praxis 1999/2, S. 36, © RPA-Verlag GmbH, www.rpa-verlag.de

2. Max ist da, Lisa ist da, Eva ist da,
   das ist wahr, das ist wunderbar!
   Ich bin da, ich bin da, ich bin da …

3. Wir sind da, wir sind da, wir sind da,
   das ist wahr, das ist wunderbar!
   Gott ist da, Gott ist da, Gott ist da …

4. Gott ist da, Gott ist da, Gott ist da,
   das ist wahr, das ist wunderbar.
   Er ist oben, er ist unten, er ist vorne …

Sendung – Segen

Wenn wir immer einen guten Begleiter im Leben haben, dann macht uns das stark! Im Segen erfahren wir Gottes uneingeschränkte Liebe. Diese Liebe lässt kleine und große Menschen mutig durch ihr Leben gehen.

	Alle stehen im Kreis:
Gott, du bist in mir.	*Beide Hände werden flach auf die Brust gelegt.*
Gott, du umhüllst mich.	*Die Arme werden um den eigenen Körper geschlungen.*
Gott, du bist immer bei mir.	*Die Hände werden auf unser Herz gelegt.*
Gott, du machst mich stark.	*Mit den Füßen wird fest auf den Boden gestampft.*
Gott, du hältst meine Hand.	*Wir reichen uns die Hände.*
Gott, segne uns und behüte uns auf allen Wegen. Amen.	*Wir schwingen die Arme nach vorn und heben sie über unsere Köpfe.*

Kurzgeschichte

Die Geschichte kann besonders an Pfingsten das Thema »geheimer Freund« aufnehmen und zeigen: Freundschaft und Begleitung machen uns stark. So können wir Krisen überwinden und Ängste abbauen.

Mabudi hat gesagt …

Philipp war ganz aufgeregt. Heute war sein erster Tag im neuen Kindergarten. Einen Freund hatte er schon, der auch dort hinging. Das war gut! Den Benjamin hatte Philipp im Kindergottesdienst getroffen. Benjamin war total nett. Er hatte ihn gleich zu seinem Geburtstag eingeladen. Toll! Ein paar Mal hatten sie auch schon zusammen gespielt. Benjamin hatte ganz viel von seinem Kindergarten erzählt: Es war einfach super dort. Und so hüpfte Philipp fröhlich neben Papa her zu *seinem* neuen Kindergarten!

In der Tür wurde Philipp schon von Melanie und Fabian begrüßt: »Schön, dass du da bist, Philipp!« Melanie und Fabian waren seine Gruppenleiter. Das hatte Papa ihm erklärt. Alles war gut und Philipp war ja auch schon ein großer Junge, so dass er zu Papa sagte: »Du kannst schon gehen. Mama holt mich dann heute Mittag wieder ab. Tschüss!« Philipp gab Papa einen Kuss, winkte noch kurz und setzte sich dann im Vorraum auf die

Bank. Er wollte seine Schuhe ausziehen. Doch bevor er den ersten Schuh ausgezogen hatte, stand ein großer Junge vor ihm. »Da kannst du nicht sitzen! Das ist der Platz von Julius«, sagte der Große so bestimmt, dass Philipp aufstand. Ja, wo sollte er sich denn dann hinsetzen? Philipp sah sich ratlos um. Das hatte wohl Fabian bemerkt, denn er kam zu den beiden Jungen. »Natürlich kann der Philipp dort sitzen. Hier gibt es keine Stammplätze. Was soll das denn, Max?« – Nachdem Philipp sich seine Schuhe ausgezogen hatte, lief er in den Raum der »Löwen-Gruppe«. So hieß seine neue Kindergartengruppe. Philipp fand das super, denn Löwen sind stark und stolz. Ganz anders als in seinem alten Kindergarten. Dort war er in der »Käfer-Gruppe« gewesen. Das war doch nur etwas für Kleine! Philipp sah sich im Raum um. Er suchte Benjamin. Ob Benjamin noch nicht da war? Doch in diesem Moment kam Benjamin schon in den Raum gerannt. »Hallo Philipp!«, rief er noch in der Tür. »Komm, ich zeig dir alles.« Die beiden Jungen gingen überall herum: Es gab eine Bau-Ecke, eine Kuschel-Ecke und sogar eine Höhle, in die man nur hineinkam, wenn man zuvor auf einen Turm geklettert und eine Rutsche hinuntergerutscht war. Außerdem gab es noch einen Mal-Tisch, eine Lese-Ecke und das Tollste: das Piratenschiff!

Nachdem die Jungen sich alles genau angesehen hatten, meinte Benjamin: »So nun geht's auf das Piratenschiff!« Er lief los und Philipp lief hinter ihm her. Als er am Schiff angekommen war, rief ein Junge von oben herunter: »Hier ist schon alles voll. Geh woanders hin!« Philipp sah sich um und antwortete: »Stimmt doch gar nicht.« »Doch, der Julius hat das gesagt. Hau ab!« In der Bau-Ecke war auch kein Platz mehr. Zumindest behauptete das der Max. Philipp war traurig, denn Benjamin spielte auch nicht mit ihm. Der war auf dem Piratenschiff. Also ging Philipp in die Lese-Ecke. Dort waren zwar nur Mädchen. Doch die Eva schaute sich gleich mit ihm ein Buch an. Später im Stuhlkreis durfte er neben Eva sitzen. Auf die andere Seite setzte sich Benjamin. Da war Philipp froh, doch irgendwie auch wieder nicht …

Mittags kam Mama: »Na, mein Großer, wie war dein erster Tag im neuen Kindergarten? Hast du schon neue Freunde gefunden?« »Ging so. Die Eva ist nett.« Mama lachte ihn an: »Du bist aber einsilbig. Es war wohl doch etwas anstrengend und du bist ganz müde.« Nee, müde war Philipp nicht wirklich. Doch was sollte er jetzt Mama erzählen, denn er war doch ein großer Junge! Als er am Abend im Bett lag, meinten Mama und Papa zu hören, dass Philipp mit jemanden sprach. Das konnte aber nicht stimmen, denn Sabine war verreist und er war allein im Zimmer. Am nächsten Tag gingen Mama und Philipp schon ganz früh zum Kindergarten, denn Mama hatte schon morgens Termine. Benjamin war nicht zu sehen. Doch Eva war bereits da. Sie kam sofort lachend auf Philipp zu: »Hallo Philipp! Schön, dass du schon da bist.« Mama lachte auch und sagte: »Ach, das ist also Eva. Hallo Eva.« Eva setzte sich zu Philipp auf die Bank, als er die Schuhe auszog. Dann flüsterten die beiden miteinander. Schließlich nahm Eva Philipp an die Hand: »Los, komm, wir entern das Schiff!« Die Kinder lachten und rannten los. Sie waren gerade auf dem Schiff, als Julius erschien. Philipp und Eva riefen ihm zu: »Geht nicht, das Schiff ist schon voll!« Julius meinte nur: »Wer sagt denn das?« »Mabudi sagt das.« Die Antwort war so kurz, dass Julius ganz verdutzt dreinschaute. Doch dann zog er ab in die Bau-Ecke. Später, als es sich Benjamin, Eva und Philipp gerade in der Höhle gemütlich gemacht hatten, erschienen Max und Julius. Auch die-

ses Mal hieß es wieder: »Mabudi hat gesagt, dass es hier schon voll ist. Ihr müsst woanders hingehen.«
»Geht es dir gut?«, fragte Mama, als sie Philipp abholte. Philipp strahlte: »Ja, heute war es toll. Ich habe auch noch einen neuen Freund. Er heißt Mabudi. Und wir haben ganz viel gespielt, in der Höhle, in der Bau-Ecke und sogar auf dem Piratenschiff. Der Julius und der Max konnten uns da nicht verjagen. Morgen spielen wir wieder zusammen – Benjamin, Eva, Mabudi und ich!« Am Abend brachte Papa Philipp ins Bett: »Gute Nacht, Philipp. Schlaf schön und träum' was Schönes!« Als Papa die Tür geschlossen hatte, hörte er verwundert: »Du, Mabudi, weißt du schon …«

Doris Dirwald

Kreative Ideen

Exaudi

Vertrauensspiele

Vertrauen ist ein wichtiges Bindeglied in einer Beziehung. Dazu müssen wir uns ganz und gar auf einen anderen Menschen einlassen.
Es wird ein **Hindernis-Parcours** aufgebaut. Jeweils zwei Kinder führen sich über diesen Parcours. Dazu werden einem Kind die Augen verbunden. Das andere führt über den Parcours.
Sich fallen lassen: Alle stehen im Kreis und fassen sich an die Hände. Es wichtig, dass der Kreis ganz dicht ist, denn ein Kind steht in der Mitte. Es lässt sich voll Vertrauen fallen, dass es wirklich aufgefangen wird.

Freundschaftsbänder

Wir gestalten einfache Freundschaftsbänder.

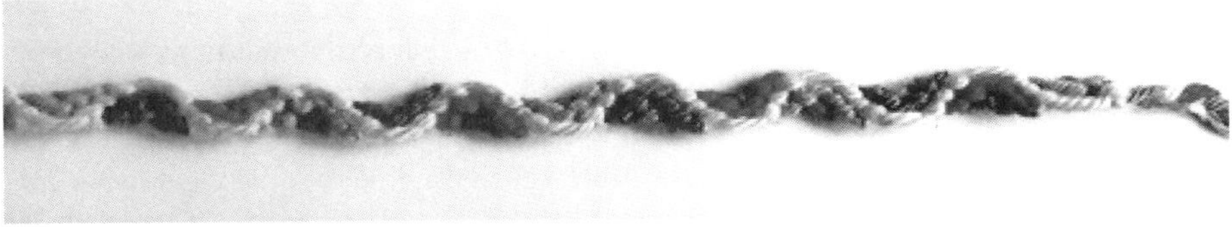

Foto: Doris Dirwald

Material: Sicherheitsnadeln, buntes Perlgarn, evtl. Perlen.

Mit den jüngeren Kindern können Freundschaftsbänder geflochten werden.
Mit den älteren Kindern werden einfache Freundschaftsbänder geknüpft.
(Abbildung im Internet, siehe Vorwort)

- F1 ist der Arbeitsfaden, F2 ist der Spannfaden.
- Spannfaden F2 mit der linken Hand spannen. Mit F1 und der rechten Hand einen Knoten nach rechts knüpfen.
- F1 nach rechts legen. F2 mit der rechten Hand spannen.
- Mit F1 und der linken Hand einen Knoten nach links über F2 knüpfen.
- Den Doppelknoten fest nach oben schieben.

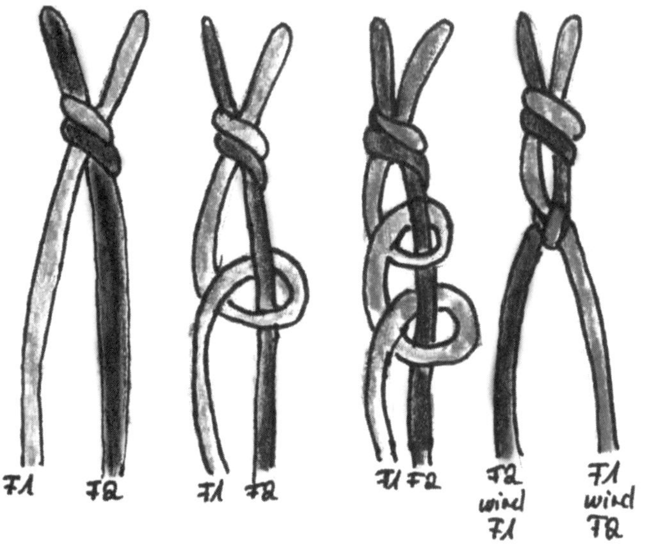

Zeichnung: Doris Dirwald

Pfingsten

Freundschaftswürfel-Puzzle

(nach einer Idee aus: Religion spielen und erzählen, Bd. 4, hrsg. Dietrich Steinwede / Ingrid Ryssel / Doris Westheuser, Gütersloher Verlagshaus, Gütersloh 2004)

Die Vorlage auf dem Kopierer vergrößern, so dass die einzelnen Segmente 4 x 4 cm groß sind. Die gestrichelten Linien mit dem Lineal und Cutter leicht anritzen, dadurch lassen sie sich leichter falzen. Die Formen ausschneiden und falzen. Dann die Klebelaschen mit einem Klebestift bestreichen und die Würfel zusammenkleben. Je vier Kinder versuchen, mit ihren Würfeln die verschiedenen Puzzle zusammenzusetzen. Anschließend werden die Bilder betrachtet und sich gefragt, was eigentlich auf den Bildern über Freundschaft ausgesagt wird.
Für jüngere Kinder werden die Vorlagen noch weiter vergrößert. Die Bilder werden einzeln auseinandergeschnitten und in sechs verschiedenen Bildern zusammengesetzt. Anschließend können die Bilder bunt ausgemalt werden.

1

4

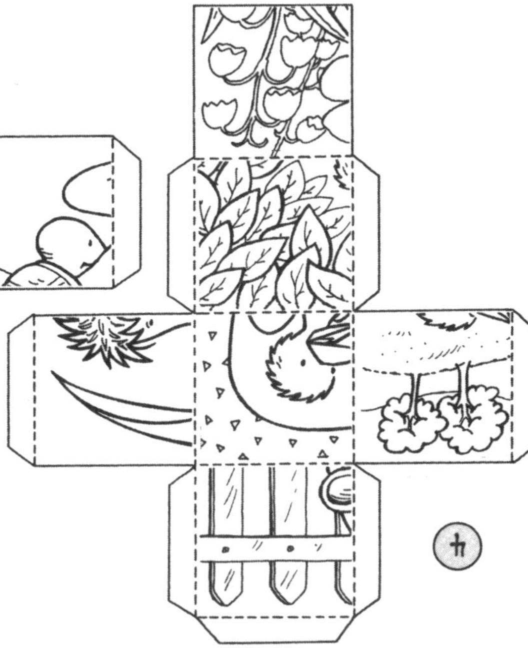

2

3

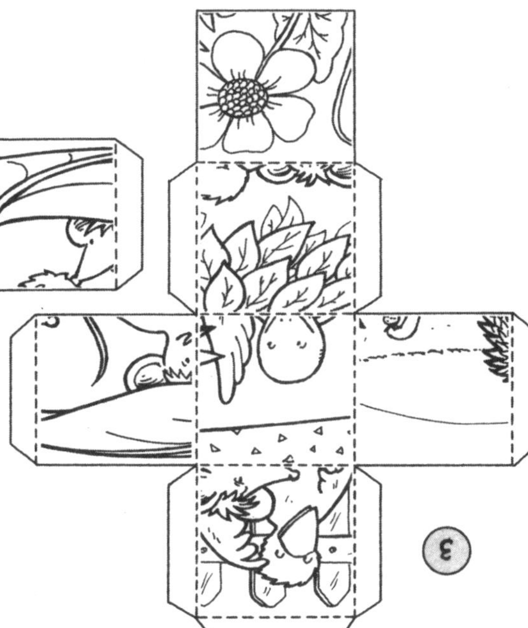

Zeichnung: © Doris Westheuser

Trinitatis

Offenes Gespräch über Erfahrungen von Begleitung
In unseren Texten werden die Jünger von Jesus auch auf seinen Abschied vorbereitet. Der Paraklet wird ihnen zur Seite gestellt. Begleitung tut gut – auch uns!

Wir überlegen, in welchen Situationen wir Begleitung brauchen …
Wir erzählen, in welchen Situationen wir Begleitung erfahren haben …
Dabei singen wir das Lied *»Deinen Weg, den kannst du finden«.*

Deinen Weg wirst du schon packen, wenn ich kann, begleite ich dich. –
Und unser Gott geht mit uns, lässt uns niemals im Stich.

Deinen Weg kannst du ruhig gehn, scheint er dir auch schwer und zu weit –
wo Schritte nicht leicht fallen, trägt Gott dich durch die Zeit.

Stichworte:
Abschied, Begleitung, Freundschaft, Vertrauen, unsichtbarer Freund, Paraklet

Doris Dirwald

Alles hat seine Zeit – Nur ich hab keine Zeit?

07.06.2015
(1. Sonntag nach Trinitatis)
Hören oder Tun?
Den richtigen Zeitpunkt finden
(Lukas 10,28–42)

14.06.2015
(2. Sonntag nach Trinitatis)
Ich bin dann mal weg –
(Auch) Jesus nimmt sich eine Auszeit
(Markus 1,35–39; 6,30–32)

21.06.2015
(3. Sonntag nach Trinitatis)
Im Spiel die Zeit vergessen –
Auch das hat seine Zeit!
(Prediger 3,1–13)

28.06.2015
(4. Sonntag nach Trinitatis)
Man dient Gott auch durch
das Nichtstun (Martin Luther)
(Sacharja 8,4–5; Lutherzitat)

Hören oder Tun, Aktivsein oder Innehalten, sich beteiligen oder sich zurückziehen, Außen und Innen, sich der Welt stellen und sich der Welt entziehen, Aktion und Kontemplation – wir brauchen die Balance innerhalb dieser Gegenpole, damit wir uns nicht in ziellosem Aktivismus oder in introvertierter Nabelschau verlieren.

Der Franziskanerpater Richard Rohr schreibt dazu: *Aktion – wie wir das Wort gebrauchen – meint weder Aktivismus und Geschäftigkeit, noch den Drang zur Weltverbesserung. »Aktion« meint aber wohl eine klare Entscheidung für ein Einmischen und ein Engagement im sozialen Gefüge. Anstehende Fragen und Probleme werden nicht allein durch Reflexion, Diskussion oder auch Gebet zu lösen sein. Gott »arbeitet zusammen« mit all denen, die lieben (Römer 8,28).*

Mit Kontemplation meinen wir die bewusste Suche nach Gott, verbunden mit der Bereitschaft, sich abzulösen von dem Selbst, das vergeht, von der Tyrannei der Gefühle, von der Abhängigkeit vom eigenen Image und von den falschen Versprechungen der Welt. Kontemplation ist die »göttliche Therapie« und ein immer geöffnetes Clearinghaus (Verrechnungsstelle) für die Seele.

Auszug aus: Richard Rohr: Radical Grace, dt. Ausgabe: Ders.: Das zündende Wort. Tägliche Überraschungen, hg. v. John Bookser Feister, übersetzt von Bernardin Schellenberger, © der dt. Übersetzung Verlag Herder GmbH, Freiburg/Br. 1994.

»Ich habe keine Zeit«, wie schnell geht dieser Satz nicht nur Erwachsenen, sondern auch Kindern über die Lippen. Wenn wir uns keine Zeit mehr nehmen, um innezuhalten, werden wir blind und können die Dinge, die Gott uns in seiner Schöpfung schenkt, nicht mehr wahrnehmen. Wir rennen an dem Schönen genauso wie an dem Leidvollen vorbei. Darum lädt uns die Reihe ein, zu entdecken, dass jede und jeder von uns *viel* Zeit hat – Lebenszeit, die Gott uns schenkt –, Zeit aus seiner Ewigkeit, die wir gestalten können. In der Stille, im Gebet und im Spiel können wir Kraft schöpfen, um das zu tun, was dran ist.

Liturgische Gestaltung

Zusammenkommen – sich Gott zuwenden

Eingangsgebet

(Für die ganze Reihe)
Das folgende Gebet ist dreigeteilt. Im ersten Teil (A) legen wir allen Zeitdruck ab, der uns daran hindert, wahrzunehmen, was Gott uns in seiner Schöpfung geben will. Im zweiten Teil (B) lassen wir uns ein auf Gottes Zeit, die er uns schenkt, indem wir uns einschwingen in den Gebetsruf »Schenk uns Zeit« und die Kinder darin das nennen, was ihnen wichtig ist. Es folgt (C) ein Gebetsabschluss.

A Gebetseröffnung

Ich sehe von Lothar Zenetti
M: gelesen von einer KiGo-MitarbeiterIn, A: weitere KiGo-Mitarbeitende, (K): Kinder wiederholen.

M Ich sehe den sanften Wind in den Lärchen gehen und höre das Gras wachsen,
und die anderen sagen:
A (K) Keine Zeit! – Keine Zeit!
M Ich sehe den wilden Wassern zu und den Wolken über den Bergen,
und die anderen sagen:
A (K) Wozu? – Wozu?
M Ich sehe den Schmetterlingen nach und den spielenden Kindern,
und die anderen sagen:
A (K) Na und? – Na und?
M Ich kann mich nicht satt sehen an allem, was ist,
und die anderen sagen:
A (K) Was soll`s? – Was soll's?
M Ich bewundere dich, o mein Gott, in allem, was lebt,
und die anderen sagen:
A (K) Wieso?

B Kanon

Schenk uns Zeit und Bildkarten
Wir singen zwei- bis dreimal das Lied miteinander. Nun liegen im Kreis Bildkarten mit Motiven aus dem Alltagsleben der Kinder. Die Kinder wählen daraus aus und legen

jeweils zwei davon in die Mitte. Das, was sie auswählen, wird textlich in das Lied integriert:

z. B. Schenk uns Zeit, schenk uns Zeit, Zeit aus deiner Ewigkeit,
Zeit für Freunde, Zeit zum Spielen, Zeit zum miteinander leben.
Schenk uns Zeit, schenk uns Zeit, Zeit aus deiner Ewigkeit,
Zeit für Blumen, Zeit für Tiere, Zeit zum miteinander leben. u.s.w.

Aus: KiKiHits, 44

C Gebetsabschluss

Guter Gott, wir danken dir für die Zeit, die du uns zum Leben schenkst. Lass uns damit so umgehen, dass wir die Wunder deiner Schöpfung wahrnehmen und erkennen können. Amen. – Abschließend singen wir:

Lied: Meinem Gott gehört die Welt …, EG 408,1–3

Sendung – Segen

Lied *(für die ganze Reihe): Ich wünsche mir*
Wir stellen uns zum Segen in den Kreis.
Die Kinder nennen reihum für das Kind neben sich einen Wunsch: »Ich wünsche dir Zeit für …«. Nach jeweils drei Kinderwünschen wird das Lied (jeweils nur die ersten vier Takte) gesungen, zum Abschluss das ganze Lied.

Text: Hans-Jürgen Netz, Melodie: Reinhard Horn, aus: Buch/CD »Kinder-Kirchen-Hits«, © KONTAKTE Musikverlag, Lippstadt

Kurzgeschichte

Der Dialog dient als Hinführung zur Erzählung der biblischen Geschichte.
Viele Kinder sind eingebunden in einen wöchentlichen Plan, zusammengesetzt aus sportlichen Aktivitäten, Musik, Nachmittagsunterricht oder anderem. Für sie bleibt unter der Woche oftmals wenig Zeit, die sie selbstbestimmt ausfüllen können. Diese Erfahrung nimmt ein Dialog zwischen einer Mutter (KiGo-Mitarbeiter/in = M) und Lucy (Handpuppe = L) auf (Handpuppe: www.living-puppets.de).

Lucy sitzt müde auf einem Stuhl.
(M) Lucy, komm, wir müssen los!
(L) *Lucy schaut kurz auf.* Ich will nicht.
(M) Jetzt hab ich extra schnell gekocht, damit wir keine Zeit verlieren.
(L) Aber ich bin doch gerade erst nach Hause gekommen.
(M) Meinst du, ich nicht?
Meinst du, mir macht das Spaß, dass wir so schnell weiter müssen?
(L) Mir macht das keinen Spaß.
Pause. Lucy und Mutter schauen sich schweigend an.
(L) Ich will heute nicht zum Turnen.
(M) Aber du gehst doch sonst immer am Mittwoch zum Turnen.
(L) Ich will aber draußen spielen.
(M) Das kannst du ja morgen machen.
(L) *freudig.* Muss ich dann morgen nicht zum Ballett?
(M) Ach ja, das geht nicht. Vielleicht später.
nachdenklich. Hm. Und am Freitag bist du beim Flöten.
Lucy, ich glaub, wir müssen das ändern.
(L) Siehst du, nie kann ich draußen spielen.
(M) Oh, jetzt müssen wir aber los, wir haben schon viel zu lange geredet.
blickt Lucy freundlich an. Kommst du noch einmal mit?
Und bis zum nächsten Mal schauen wir, was wirklich wichtig ist.
(L) Echt?
(M) Echt.

Marie-Luise Helm

Erster Sonntag nach Trinitatis – Zeitfresserchen

Martha ließ sich von der Küchenarbeit die Zeit rauben. Vieles raubt heute den Kindern die Zeit. Sei es das Hausaufgaben-Arbeitsblatt, das eine Aufgabe zum wiederholten Male überprüft und so zur reinen Fleißarbeit wird, sei es die Fernsehserie, die davon abhält, mit anderen draußen zu spielen. Jedes Kind hat seine eigenen Zeitfresser. Diese werden mithilfe des »Zeitfresserchens« aufgespürt.

Dazu brauchen wir eine Holzwäscheklammer, darauf wird die kleine Abbildung geklebt (auf Größe 1,5 cm x 2 cm kopieren und auf Tonkarton kleben). Jedes Kind sollte drei Zeitfresserchen bekommen. Nun kann das Zeitfresserchen an beliebige Zeitfresser geklemmt werden: Fernsehen, Matheaufgaben, Handy, voller Familienplaner, …

Kopiervorlage: Marie-Luise Helm

(Kopiervorlage im Internet, siehe Vorwort)

Zweiter Sonntag nach Trinitatis – Zeit zur Stille

Zur Einstimmung in die Erzählung zu den Bibeltexten bieten sich diverse Stilleübungen an, z. B.:

Einem Klang nachhören: Eine Klangschale wird angeschlagen, wir hören dem Ton so lange wie möglich nach und heben eine Hand, wenn für uns der Ton verklungen ist.

Zeit wahrnehmen: In die Mitte wird unter ein dünnes Tuch ein laut tickender Wecker gelegt. Wir lauschen dem Wecker eine, zwei oder drei Minuten nach.
Anschließend stellen wir eine Sanduhr in die Mitte und lassen die Zeit ablaufen.

Zeit rhythmisieren: Wir begleiten das Lied »Schenk uns Zeit« mit Orff-Instrumenten. Dabei kommt nach jeweils zwei Takten ein Instrument dazu; die Kinder entscheiden, ob sie ihr Instrument auf jede Viertel, auf Halbe oder wechselnd laut/leise auf die Viertel anschlagen (Schlagmuster: x - - - ; x - x - , x (x) x (x)). So wie nacheinander die Instrumente einstimmen, lassen wir sie nacheinander nach jeweils zwei Takten wieder verstummen.

Einen Pilgerweg gehen: Wo es möglich ist, bietet es sich an diesem Sonntag an, mit den Kindern einen Pilgerweg zu gehen. Dazu verlegen wir den Kindergottesdienst nach draußen. Hierzu können besondere Stationen am Ort aufgesucht werden, je nach Gegebenheit und Entfernung Kirchen, Kapellen, Wegkreuze. An jeder Station machen wir Rast.

1. Station: Gebet (siehe liturgische Gestaltung),
2. Station: Erzählung zu Mk 1,35–39,
3. Station: Lied »Meinem Gott gehört die Welt«
4. Station: Erzählung zu Mk 6,30–32,
5. Station: kleines Picknick,
6. Station: Gebet und Segen (siehe liturgische Gestaltung)

Dritter Sonntag nach Trinitatis – Zeit zum Spielen

Ein jegliches hat seine Zeit … Steine wegwerfen hat seine Zeit, Steine sammeln hat seine Zeit … herzen hat seine Zeit, aufhören zu herzen hat seine Zeit …

Nach der Erzählung zum Bibeltext wird eine große Bauecke mit Bauklötzen aller Art – Holz groß und klein, Lego, Duplo, … und eine Puppenecke mit entsprechenden Utensilien (auszuleihen im Kindergarten) oder Playmobil oder … eingerichtet. Die Kinder können am Sonntag vorher ermutigt werden, ihr Lieblingsspielzeug mitzubringen. – Und dann ist: Zeit zum Spielen!

Vierter Sonntag nach Trinitatis – Zeit zum Miteinander

Wir nehmen das Thema von Sacharja 8 auf: Es sollen hinfort wieder sitzen auf den Plätzen Jerusalems alte Männer und Frauen, jeder mit seinem Stock in der Hand vor hohem Alter, und die Plätze der Stadt sollen voll sein von Knaben und Mädchen, die dort spielen.

Sitzbank aus einem Stamm, Sitzecke aus mehreren Baumstammteilen

Zeichnung: Marie-Luise Helm

An diesem Sonntag beginnen wir, rund um Kirche oder Gemeindehaus und in Kirche oder Gemeindehaus solche Plätze einzurichten. Wir machen dazu eine »Ortsbegehung« mit den Kindern und richten anschließend Plätze ein, wo wir uns gerne miteinander aufhalten. Das kann auf ganz einfache Weise geschehen, z. B. indem im Innenraum ein paar Stühle gestellt werden zu einer Sitzgruppe, dazu vielleicht eine Kinderbibel, eine Kerze ….
Oder auf aufwändige Weise: Aus Baumstämmen können im Außenbereich Sitzplätze im Kirchgarten oder vor der Kirche gestellt werden. Dazu brauchen wir an diesem Sonntag einen Fachmann, der mit der Motorsäge umgehen kann und uns vorher das entsprechende Holz bringt. Die Sitzflächen (grau) werden von den Kindern abgeschliffen.

Stichworte:
Zeit, Auszeit, Pilgern, Stille, Gebet, Sitzgruppe

Marie-Luise Helm

Jesus – Schätze des Glaubens bei Johannes

05.07.2015
(5. Sonntag nach Trinitatis)
Hochzeit zu Kana
(Johannes 2,1–12)

12.07.2015
(6. Sonntag nach Trinitatis)
Heilung am Teich Bethesda
(Johannes 5,1–9)

19.07.2015
(7. Sonntag nach Trinitatis)
Jesus und die Ehebrecherin
(Johannes 8,1–11)

26.07.2015
(8. Sonntag nach Trinitatis)
Heilung eines Blindgeborenen
(Johannes 9,1–11)

Schätze des Glaubens entdecken – auf Schatzsuche mit den Kindern gehen, um sie für das Leben zu stärken –, das ist ein Ziel unserer Kindergottesdienste! Und das sollen die Geschichten dieser Einheit aus dem Johannesevangelium auch anbieten. Es ist das jüngste der vier Evangelien und betont immer wieder: Gottes Wort ist Mensch geworden.

Und dieser Mensch Jesus begegnet Menschen seiner Zeit. Er hilft in allen Lebenslagen – das stärkt die Menschen damals und uns heute. Das ist der größte Schatz für unser Leben. Und dies können auch die Kinder erfahren.

Sie finden hier einige kreative Ideen, die sie an den jeweiligen Sonntagen umsetzen können – oder Sie nehmen sich für eine »Bibelwanderung« Zeit und gestalten eine Schatzsuche mit Stationen im nahen Wald oder über Felder und Wiesen. Im Sommer kann dazu auch die ganze Familie eingeladen werden.

Darüber hinaus finden Sie einen gemeinsamen liturgischen Anfang und Schluss für alle Kindergottesdienste dieser Einheit oder als Beginn und Ende der Bibelwanderung ausgeführt. Das Anspiel (Kurzgeschichte) kann zu Beginn der Einheit oder als Auftakt für die Schatzsuche beim Treffpunkt eingesetzt werden.

Liturgische Gestaltung

Zusammenkommen – sich Gott zuwenden

Eingangsgebet

– für die ganze Einheit, der Kehrvers kann gesungen oder gesprochen werden: »Gottes Liebe ist so wunderbar …« (KG 146)

Gott, wir freuen uns.
Es ist Sonntag und wir haben Zeit füreinander.
Wir treffen uns hier im Kindergottesdienst und wissen, du bist auch da.
Das tut gut.
Deine Liebe stärkt uns.
Deine Treue macht uns Mut.
Deine Güte gibt uns Hoffnung.
Behüte uns heute und auch in der kommenden Woche.

»Gottes Liebe ist so wunderbar ...«

Sendung – Segen

Wir stehen im Kreis, halten uns an der Hand und singen nochmals die erste Strophe des Liedes: »Gottes Liebe ist so wunderbar ...« (KG 146).
Dann sprechen wir den Segen einander zu (die einzelnen Sätze werden vorgesprochen und von allen wiederholt).

Segen:
Gottes Liebe stärke dich.
Gottes Treue erfreue dich.
Geh' deinen Weg mit Hoffnung und Mut. Amen.

Kurzgeschichte

Das Anspiel kann zur Begrüßung der Kinder bei der Bibelwanderung eingesetzt werden oder als Eröffnung der Einheit dieser »Schatzsuche für das Leben« am 5. Sonntag nach Trinitatis. Es können je nach Anzahl der Mitarbeitenden die Rollen auch weiter verteilt und erweitert werden. Benötigt werden Gewänder (Baumwollstoff 2,10 m Länge, in der Mitte ein »T« einschneiden für den Halsausschnitt, Kordel um den Bauch, fertig!) für jeden »Jünger«. Hier sind zwei Jünger unsere Gäste aus damaliger Zeit.

Simon: Darf ich mich vorstellen? Ich bin Simon und habe vor langer Zeit Besonderes erlebt.

Andreas: Ja, und ich bin Andreas und war mit Simon zusammen unterwegs. Und stellt euch vor – wir haben Jesus kennengelernt!

Simon: Wir waren ja so begeistert, dass wir gleich mit ihm mitgegangen sind. Und da haben wir natürlich viele Menschen getroffen – und vieles erlebt.

Andreas: Manchmal war das ganz schön aufregend und spannend.
Viele Wege sind wir gegangen. Und wie ihr wisst, bei uns ist es immer heiß, die Wege sind staubig und beschwerlich. Aber klar, das waren nur die äußeren Wege.
Jesus hat die Lebenswege der Menschen wahrgenommen. Er hat ihnen Mut gemacht und sie gestärkt.

Simon: Er hatte immer ein gutes Wort für die Menschen. Er hat ihnen zugehört.

Andreas: Und sie haben ihm viel erzählt – die Leute. Sie haben ihm ihr Herz ausgeschüttet. Er wusste, was ihnen Sorge machte und was ihnen weh tat …

Simon: Sogar den Kindern hat er zugehört, und den Müttern und den Kranken – eben allen. Er hat ihnen die Augen und Ohren geöffnet … und das Herz.

Andreas: Jesus hat ihnen Schätze des Lebens gezeigt.

Simon: Wie meinst du denn das? Schätze des Lebens?

Andreas: Nun ja, – dass wir aufeinander Acht haben sollen – dass wir einander helfen können – oder etwas erklären – oder, dass wir freundlich miteinander umgehen – dass wir nicht böse über jemanden reden …

Simon: … und keinen Streit anfangen. Fällt euch noch ein Beispiel ein?

Kindern Gelegenheit zum Äußern ihrer Ideen geben

Andreas: Wir besuchen euch heute, weil wir gehört haben, dass ihr auf Schatzsuche geht.

Simon: Und da sind wir immer dabei. Das macht doch Spaß! Freut ihr euch auch?
Na, dann los! Sucht nach den Lebensschätzen! Rote Wollfäden zeigen uns den Weg! Und wo wir viele Fäden finden, da liegt irgendwo unser Schatz versteckt. Los geht's!

Beate-Michaela Jöst

Kreative Ideen

Für alle Sonntage

Eine Schatzkiste wird gerichtet: Ein Schuhkarton oder eine Holzkiste wird beklebt oder angemalt und mit dem **Inhalt** für die einzelnen Geschichten gefüllt und mit Schnur zugebunden.

Inhalt der Schatzkiste

5. Sonntag nach Trinitatis 1. Station	*Selbstgebackene Herzkekse, Fragekärtchen: Wo hilft mir Gott?*
6. Sonntag nach Trinitatis 2. Station	*Glastropfen (Bezug: Glas-Kristalltropfen-Set, Art. 1245, Verlag Junge Gemeinde)*
7. Sonntag nach Trinitatis 3. Station	*Edelsteine oder Herzsteine (Bezug: Halbedelsteine, Art. 539, 500g, oder Handschmeichler Steinherz, 5 Stück, Verlag Junge Gemeinde)*
8. Sonntag nach Trinitatis 4. Station	*Lied: Blind bin ich gewesen … (Siegfried Macht), kleine Lupe/Becherlupe, um Dinge im Wald genauer zu betrachten (Bezug: Jakoo/Kidoh)*

Die Spiele »auf dem Weg« können im sonntäglichen Kindergottesdienst eingebaut werden. Jedes Kind erhält außerdem eine kleine Schatzkiste, sie kann an einem weiteren Sonntag oder zuhause gestaltet bzw. angemalt werden. »Glitter-Deco« eignet sich sehr gut.
(Bezug: Holzkästchen bauchig, 20 Stück, Bestellnummer 19 666 114, vbs-hobby.com)

Foto: Beate-Michaela Jöst

Bibelwanderung

Für die Bibelwanderung muss man vier verschiedene Kistchen mit Inhalt (s. o.) richten, mit Schnur – wie ein Geschenk – verpacken und zubinden. Sie werden hinter Büschen oder Bäumen versteckt. Der Weg wird mit roten Wollfäden an Büschen markiert, wenn er zuvor abgelaufen wird. Die Stellen der Schatzkisten werden mit besonders vielen Fäden gekennzeichnet.
In einem Rucksack kann man die Utensilien für die Stationen mitnehmen:

Tuch für die Mitte, Herzen, Muffins, Traubensaft, Papierservietten, Becher (1. Station)	bruchsichere Schüssel eine Wasserflasche (2. Station)	Halstücher und Schals als Augenbinden (3./4. Station) eventuell eine Gitarre

5. Sonntag nach Trinitatis oder 1. Station

Die Geschichte von der Hochzeit zu Kana

- Mit einem Tuch wird in einem Kreis eine Mitte mit verschiedenen Herzen gestaltet, die Schatzkiste wird darauf gestellt, bleibt aber noch verschlossen. Die Assoziationen der Kinder werden aufgenommen. Die Geschichte wird in ICH-Form eines Jüngers, der mit auf dem Fest war, erzählt.
- Die Schatzkiste wird geöffnet, ihr Inhalt: Herz-Plätzchen einzeln verpackt und Fragekärtchen: Wo hilft mir Gott?
- Abschluss: »Gottes Liebe ist so wunderbar …« (KG 146)
- Muffins und Traubensaft als Stärkung austeilen und zusammen essen.

Auf dem Weg: Über Fragekärtchen nachdenken und dann nach drei Minuten (Zeichen geben) mit einem Freund auf dem Weg besprechen.

6. Sonntag nach Trinitatis oder 2. Station

Die Geschichte von der Heilung am Teich Bethesda

- Das Tuch wird wieder in die Kreismitte gelegt, die kleine Wasserschüssel und die geschlossene Schatzkiste darauf gestellt. Assoziationen der Kinder werden aufgenommen. Die Geschichte erzählt wieder ein Jünger. Die Situation der Kranken und die Bedeutung des Teiches Bethesda wird dabei erläutert.
- In der Schatzkiste befinden sich Wassertropfen aus Glas zum Verteilen.
- Abschluss: »Gottes Treue ist so wunderbar …«

Auf dem Weg: Steine werden gesammelt und mitgeschleppt.

7. Sonntag nach Trinitatis oder 3. Station

Die Geschichte von Jesus und der Ehebrecherin

- Auf dem Tuch in der Kreismitte werden die gesammelten Steine abgelegt und die gefundene Schatzkiste dazugestellt.
- Was erdrückt mich? Was belastet mich? Was ist schwierig für mich? Die Assoziationen der Kinder sammeln. Die biblische Geschichte erzählt wieder ein Jünger.
- In der großen Schatzkiste befinden sich Herzsteine oder kleine Edelsteine zum Verteilen als Erinnerung an diese Geschichte – für die eigene kleine Schatzkiste.
- Abschluss: »Gottes Gnade ist so wunderbar …«

Auf dem Weg: Vertrauensspiel (ein Kind führt das andere, das die Augen mit einem Schal verbunden hat; auf der Mitte des Weges wird getauscht)

8. Sonntag nach Trinitatis oder 4. Station

Die Geschichte von der Heilung eines Blindgeborenen

- Die Augenbinden werden zusammen mit der gefundenen Schatzkiste in die Kreismitte auf das Tuch gelegt. Die Assoziationen der Kinder zur Frage »Wie ist das, wenn man nichts sieht?« werden gesammelt.
- Spiel: Ich sehe was, was du nicht siehst, es hat die Farbe/oder: es hat die Form … (mindestens fünfmal spielen lassen).
- Dann erzählt ein Jünger die Geschichte aus der ICH-Perspektive.
- Schatzkiste wird geöffnet: Das Lied »Blind bin ich gewesen« wird herausgeholt. Alle erhalten eine Kopie. Danach wird gesungen.

Blind bin ich gewesen

Text und Melodie: Siegfried Macht, aus: ders.: Kleine Leute, große Töne, München 2005. Einspielung auf dem Werkbuch beiliegender CD.

- Mit einer Becherlupe evtl. Moos, Blätter, kleine Blüten betrachten. Kinder haben selbst die besten Ideen!
- Ein Picknick mit mitgebrachtem Proviant schließt *am Ziel* des Weges die Bibelwanderung ab.
- Zur Verabschiedung beten wir zusammen das Vater unser und den Segen (s. o.).

Stichworte:
Gemeinschaft, Gottes Güte, Gottes Liebe, Gottes Treue, Vertrauen

Beate-Michaela Jöst

Josef und seine »Familienbande«

02.08.2015
(9. Sonntag nach Trinitatis)
Familienbande – traumhaft
(1 Mose 37,1–11)

09.08.2015
(10. Sonntag nach Trinitatis)
Familienbande – ein Albtraum
(1 Mose 37,12–35)

16.08.2015
(11. Sonntag nach Trinitatis)
Familienbande – daran kann man wachsen
(1 Mose 39 i. A.; 41,14–43)

23.08.2015
(12. Sonntag nach Trinitatis)
Familienbande – sind wandelbar
(1 Mose 42–44 i.A.; 45,1–15)

Familien-Bande – Die Doppeldeutigkeit dieses Wortes trifft ziemlich genau das Leben der Familie Jakobs. Zwölf Söhne hat Jakob, die meisten mit seiner ersten, eher ungeliebten Frau Lea, einige mit den Nebenfrauen Bilha und Silpa, und zwei mit Rahel, der seine besondere Liebe von Anfang an galt (1 Mose 35,22 b–26). Ausgerechnet Rahel stirbt sehr früh bei der Geburt Benjamins. Das spannungsgeladene Beziehungsgeflecht von Jakob und seinen Frauen setzt sich in den Kindern fort. Empfundene oder tatsächlich ausgeübte Bevorzugung – Besondere Zuwendung für Halbwaisen? – Halbgeschwister in einem Zeltdorf – Unsicherheiten des Wanderlebens. Es kommt zum ersten großen Krach, weil der junge Josef mit seinen Träumen nicht nur seinen Brüdern, sondern auch seinen Eltern nahelegt, dass sie sich vor ihm beugen müssen. Die Familienbindungen werden überstrapaziert. Die Familie wird zur Bande. Geplanter Mord, gewandelt zum Sklavenverkauf, Todeslüge gegenüber dem Vater, geheucheltes Mitgefühl. Wie belastet ist das Leben der Brüder mit dem Vater! Josef, auf sich gestellt, durchlebt Höhen und Tiefen. Vom Sklaven zum Verwalter, zum verdächtigten Vergewaltiger, ins Gefängnis, zu neuer Freiheit, zum Stellvertreter des Pharao. Kann man das aushalten, ohne bitter zu werden? Welche Gedanken hat Josef, wenn er an »Familie« denkt? Die Dramatik steigert sich, als die Hungersnot eine Begegnung der Brüder erzwingt. Die zehn Bittsteller sind blind, Josef erkennt sie sofort. Haben die Brüder die Todeslüge so verinnerlicht, dass sie mit einem lebenden Josef gar nicht mehr rechnen können? Erkennt Josef sie, weil Hass ihr Bild ihm immer vor Augen stellt? Oder ist es seine Sehnsucht nach der Familie? Josef verbirgt sein Erkennen und setzt Tricks ein, damit auch sein Bruder Benjamin nach Ägypten kommen muss. Ist das ein leiser Hinweis auf die Sehnsucht?

Mit der Versöhnung kann man nicht rechnen. Doch die Bande wird wieder positiv verbunden. Und es ist ausgerechnet Josef, der das will und erreicht: »Ihr gedachtet, es böse mit mir zu machen. Gott aber gedachte, es gut zu machen.« Unwillkürlich denke ich an Nelson Mandela, der mit dieser Haltung Politik gemacht und Geschichte geschrieben hat. Familie als Übungsfeld für gelebte Versöhnung. – Schön wäre es, wenn wir uns darin üben. »Versöhnung« ist in unserem Alltag ein wenig gebräuchliches Wort. »Vertragen«, »sich entschuldigen« oder auch »Pack schlägt sich, Pack verträgt sich« – das liegt schneller auf der Zunge. Gerade darum soll »Versöhnung« das Leitwort sein. Denn es geht tiefer. Es ist eine Grundhaltung, die ein ganzes Leben bestimmt.

Liturgische Gestaltung

Zu Fürbittengebeten in dieser Reihe

Stichworte aus dem Familienleben heute sollten in die Gebete einfließen. Dabei ist die Vielfalt der Familienformen im Auge zu behalten. Zugleich darf hier keine Situation entstehen, in der Kinder sich bedrängt oder bloßgestellt fühlen. Es ist also Fingerspitzengefühl gefragt.

Lieder

Der »Plan für den Kindergottesdienst« gibt etliche gute Liedvorschläge. Besonderes Leitlied zum Stichwort »Versöhnung« ist »Wie ein Fest nach langer Trauer« (MKL 2, Nr. 119).

Kurzgeschichte

Zum Thema Familie ist das Bilder-Sachbuch »Alles Familie« sehr gut einsetzbar:
Alexandra Maxeiner und Anke Kuhl, Alles Familie, Vom Kind der neuen Freundin vom Bruder von Papas früherer Frau und anderen Verwandten, Klett-Verlag. (Leseprobe auf http://www.klett-kinderbuch.de/index.php?id=116)
Im Team hilft das Buch, den Blick auf die Vielfalt von Familienformen zu richten, aus denen auch die Kigo-Kinder kommen mögen. Jede moralische Wertung ist dabei vermieden. Ausschnitte aus dem Buch können als Einstieg in die Josefsgeschichte hilfreich sein. So wird die komplizierte Familiensituation um Josef herum besser verstanden.

Legebild

Das vorgeschlagene Legebild ist als durchgehendes Motiv für alle vier Sonntage oder als Entwicklung bei einem Kindergottesdienst mit mehr Zeit einsetzbar.

Die Grafik zeigt den Grundaufbau, der nach und nach in vier Schritten entsteht. Zu jedem Schritt gehört, dass die Kinder mit vielfältigem Legematerial (Gefühls-)Zeichen auf die jeweils hinzukommenden Flächen legen können. Als Grundelemente eignen sich am besten farbige Tücher.

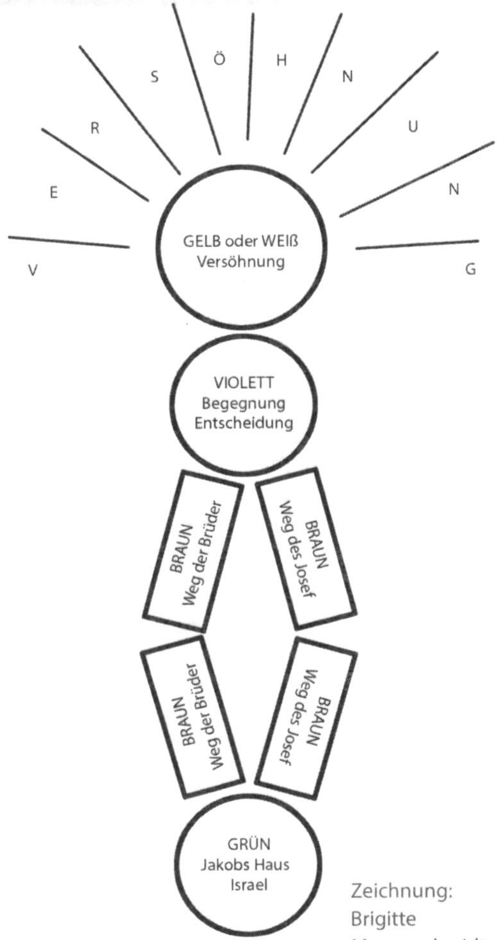

Zeichnung: Brigitte Messerschmidt

9. Sonntag nach Trinitatis –
1. Station

Ich lege ein grünes Tuch zu einem Platz – Familie des Jakob, alle gehören zusammen. *Die Familie auf das Tuch stellen.* Im Erzählen bilden sich Gruppen, Josef steht schließlich allein. Kinder legen ihre»Gefühlszeichen« zu den Figuren.

10. Sonntag nach Trinitatis –
2. Station

Von der grünen Fläche führen braune Wege weg. Sie laufen auseinander, denn mit dem Verkauf des Josef trennen sich die Wege. Der Weg des Josef wird erzählt und mit Zeichen belegt. Auch der Weg der Brüder wird erzählt und mit Zeichen belegt.

11. Sonntag nach Trinitatis – *3. Station*

Die Wege kommen einander näher (Josef: Getreide sammeln, die Brüder: Hungersnot mit Hoffnung auf Ägypten). Die Wege münden in ein violettes Feld (Begegnung, die noch verborgene Wende). Es gibt eine Berührung voller Spannung. – Das erste Wiedersehen, bei dem nur Josef erkennt. Die Kinder belegen die Wege und die Fläche mit Zeichen.

12. Sonntag nach Trinitatis – *4. Station*

Ein sonnengelbes Tuch wird oberhalb der violetten Fläche zu einer großen Fläche gelegt. Hier ist der Ort der offenen Versöhnung. Von ihm gehen Strahlen aus (gelbe Bänder oder goldene Perlenketten), dazwischen die Buchstaben für das Wort »Versöhnung«. – Versöhnung strahlt aus. Die Kinder legen Versöhnungszeichen auf das gelbe Tuch.

Da »Versöhnung« als Leitmotiv deutlich werden soll, werden hier drei Vorschläge, mit dem Begriff »Versöhnung« zu arbeiten, gemacht.

1. Wörter sammeln

Die Buchstaben des Wortes »Versöhnung« werden in neue Worte oder kurze Begriffe eingefügt, die etwas von Versöhnung ausdrücken.
Beispiel:

Mehr als **V**ergeben	**E**rleichterung für alle	Uma**R**men
Schuld abladen können	Wieder fr**Ö**hlich miteinander sein können	**H**ände reichen
Neue Wege wagen	w**U**nder	A**N**strengung
Gott		

Die Kinder schreiben ihre Ideen entsprechend auf. Alle Blätter werden dann zu einem großen Poster zusammengefügt.

2. Versöhnung gestalten

Viele schöne Wachsstifte liegen bereit. Jedes Kind erhält einen großen Bogen Plakatpapier. Aufgabe: Das Wort Versöhnung wird nach Graffiti-Art oder auch ganz anders künstlerisch gestaltet.
Eine Anregung kann sein: Mach aus einigen Buchstaben Figuren, die etwas von »Versöhnung« in ihrer Haltung haben.

Damit lässt sich auch eine Gemeinschaftsarbeit initiieren: Die Kinder teilen die Buchstaben unter sich auf. Jedes Kind gestaltet also nur einen oder zwei Buchstaben (mindestens DIN-A4-groß). Die Motive werden später zu dem Wort Versöhnung zusammengefügt.
Achtung: Kleine Blätter zum Ausprobieren und für Vorskizzieren bereithalten.

Zeichnungen: Brigitte Messerschmidt

3. Wie ist Versöhnung?
Auf dem Hintergrund des Liedes von Jürgen Werth »Wie ein Fest nach langer Trauer« (in: Liederbuch für die Jugend. Geistliche Lieder für Schule und Kindergottesdienst, hg. v. Markus Hartenstein und Gottfried Mohr, 23. Auflage, Gütersloh 2009, Nr. 636) suchen die Kinder eigene Bildworte für Versöhnung. Um zu ermutigen, aber nicht alles vorwegzunehmen, werden zur Einleitung nur einige Bilder aus dem Lied als Beispiele genannt, z. B.: Wie ein Fest nach langer Trauer, wie ein Schlüssel im Gefängnis, wie ein Regen in der Wüste.
Dann schreiben die Kinder ihre Worte auf Zettel, auf denen vorgegeben ist: »Versöhnung ist wie ….«
Die Zettel werden gesammelt. Immer einige werden von dem/der Leiter/in vorgelesen. Dann singen alle den Refrain »So ist Versöhnung«.
Auf der Basis der gefundenen Bildworte können anschließend Bilder gemalt werden, die dann – auch in Verbindung mit den Wort-Ergebnissen der anderen Vorschläge – zu einer großen Versöhnungs-Collage zusammengefügt werden.

Stichworte:
Familie, Streit, Hass, Versöhnung

Brigitte Messerschmidt

Nächstenliebe – Wer in der Liebe bleibt, bringt viel Frucht

30.08.2015
(13. Sonntag nach Trinitatis)
Verwurzelt in Gottes Liebe
(Johannes 15,1–8)

06.09.2015
(14. Sonntag nach Trinitatis)
In Gottes Liebe bleiben
(Johannes 15,9–12)

13.09.2015
(15. Sonntag nach Trinitatis)
In Gottes Liebe Frucht bringen
(Johannes 15,13–17)

Jesus geht, doch er bleibt mit seinen Jüngern verbunden. Mit der Abschiedsrede wendet er sich direkt an sie. Doch dieses Mal ist es anders, denn er erzählt ihnen kein Gleichnis oder beantwortet ihre Fragen.
Sein Weggang hat für das Leben der Jünger und in der Folge auch für seine Gemeinde Konsequenzen. In der Abschiedsrede macht Jesus dies bildhaft deutlich. Drei Begriffe spielen dabei eine zentrale Rolle: der Weinstock, die Reben und der Weingärtner. Die Bilder und ihre Deutung gehen ineinander über. Das Bild vom Weinstock meint zum einen die Verbundenheit der Reben mit dem Weinstock selbst und zum anderen ihr Fruchtbringen. Jesus bezeichnet sich selbst als den wahren und Leben spendenden Weinstock. Er erhebt damit einen absoluten Anspruch. Gleichzeitig sagt er auch etwas über Gott aus: Er ist der Weingärtner und er trägt die Verantwortung für Wachstum und Reifen der Früchte! Wie jeder Gärtner möchte auch Gott einen möglichst hohen Ertrag erzielen. Deshalb schneidet er die Triebe ab, er reinigt die Reben, die dem Weinstock nur Kraft entziehen würden. Die Jünger haben durch Jesus auch eine Reinigung erfahren. Deshalb wendet sich Jesus direkt an sie. Ihr Leben wird reiche Frucht bringen, wenn sie ihm treu bleiben.
Dabei darf Fruchtbringen nicht mit Leistung verwechselt werden! Die Frucht, die die Jünger bringen sollen, ist die Liebe. Seine Jünger sollen einander so lieben, wie Jesus sie geliebt hat. Dieses Fruchtbringen bezieht sich auf ihr ganzes Glaubensleben. Die Basis dazu ist die Gemeinschaft mit Jesus.
Kinder, die nicht gerade in Weinbaugebieten leben, haben möglicherweise kein konkretes Bild von einem Weinstock. Doch lässt sich dieses Bild durchaus auch auf andere fruchtbringende Pflanzen übertragen.
Freundschaft hat für Kinder jeden Alters einen besonders hohen Stellenwert. Der Freundschaftsbegriff in diesen Texten ist aber anders: Es ist eine Freundschaft, die nicht aus Zuneigung gewachsen ist, sondern von Jesus begründet worden ist! Sie soll Frucht bringen. Das ist anders als die Freundschaft, die die Kinder bisher erfahren haben.
Weinstock – Reben – Frucht: Dieser Dreiklang steht im Zentrum der Gottesdienste und orientiert sich an dem beschriebenen Freundschaftsbegriff. Deshalb beten wir den 139. Psalm als Vertrauenspsalm und stärken unser Vertrauen im Segen. Die Persönlichkeit der Kinder soll in den kreativen Übungen zu den jeweiligen Bildern gestärkt werden.

Zusammenkommen – sich Gott zuwenden

In jedem Gottesdienst dieser Reihe wird ein Psalmgebet nach Psalm 139 mit dem Kehrvers »Von allen Seiten umgibst du mich« gebetet.

Melodie: Ernst Richter, © beim Autor

Gott, du kennst mich.
Du achtest auf mich.
Nie gibst du mich auf.
Ich sitze oder stehe,
ich liege oder stehe,
du hältst deine Hand über mir.

Von allen Seiten …

Gott, du kennst alle meine Wege.
Alles, was ich denke und sage: Du kennst es.
Mein ganzes Leben liegt vor dir.
Wenn ich in Schwierigkeiten bin,
willst du mich begleiten.
Wenn ich nicht mehr ein noch aus weiß
und mich am liebsten verstecken möchte,
dann bleibt dir meine Not nicht verborgen.

Von allen Seiten …

Gott, ich danke dir,
dass ich wunderbar gemacht bin.

Deine Augen sahen mich,
als ich noch gar nicht geboren war.
Wohin ich auch gehe,
du bist bei mir.
Ob im Leben oder Tod –
nichts kann mich von dir trennen.

Von allen Seiten … (als Kanon gesungen)

Sendung – Segen

Die Nähe anderer Menschen tut uns gut und macht uns stark. So bitten wir Gott mit Worten und Gesten:

Guter Gott, schenke uns deinen Segen.	*Alle stehen im Kreis.*
Sei bei jedem von uns, wenn wir nun unsere Wege gehen.	*Wir reichen uns die Hände.*
Lass deinen Segen bei uns sein wie ein verbindendes Band.	*Jede/r legt die Hand auf die Schultern des Nachbarn/der Nachbarin.*
Sei bei uns und bei allem, was wir tun. Amen	*Wir drücken die Hände des Nachbarn.*

Kurzgeschichte

Die Geschichte kann zur Verdeutlichung des Fruchtbringens besonders am letzten Sonntag der Reihe dienen.

Der Mann mit den Bäumen
Ein Mann besaß in einer fruchtbaren Ebene in Frankreich einen Bauernhof. Als er seine Frau und seinen Sohn verlor, zog er sich in die Einsamkeit der Berge zurück. Die Dörfer dort lagen weit auseinander. Das Leben dort war trostlos. Die Familien stritten mit einander. Jeder dachte nur an sich selbst.
Da überlegte der Mann, weshalb das so war. Ihm fiel auf, dass es in diesen Bergen ganz kahl war und es keine Bäume gab. Er beschloss, das zu ändern.

Er besorgte sich einen Sack mit Eicheln. Er sortierte die guten und besonders schönen aus, dann weichte er sie in Wasser ein. Später machte er sich mit den Eicheln und einer Eisenstange auf den Weg an die Berghänge. Dann bohrte er mit dem Eisenstab viele kleine Löcher in den steinigen Boden, legte jeweils eine Eichel hinein und verschloss die Löcher wieder. In drei Jahren hatte er in diesem Wüstenland, von dem er nicht einmal wusste, wem es gehörte, 100 000 Eicheln gesetzt. Nüchtern rechnete er damit, dass wohl nur jede zehnte Eichel keimen würde. Doch er würde so lange weitermachen, wie Gott ihm noch Jahre an Lebenszeit schenke, so dachte er sich. Von Jahr zu Jahr wurde es beeindruckender: Dort, wo es früher nichts gegeben hatte, breitete sich ein Wald aus. Bald war er elf Kilometer lang und drei Kilometer breit. Der Berghang war nicht mehr trostlos und karg, sondern grün und fruchtbar. Der Mann machte weiter. Bald pflanzte er Buchen. Und wenn es genug Wasser im Erdreich gab, Birken. So wuchs einer der schönsten Wälder Frankreichs heran.
Wie in einer Kettenreaktion veränderte sich fast alles. Wasser wurde durch die Wurzeln angesaugt, so dass es dann die vertrockneten Flussbette wieder füllte. Mit dem Wasser kamen Weiden, Wiesen, Blumen und ein gewisser Lebenssinn in die Gegend. Alles hatte sich verändert, sogar die Luft. In den Dörfern renovierten die Menschen ihre Häuser, räumten Ruinen weg und legten Gärten an. Die alte Bevölkerung war nicht wiederzuerkennen. Es wurde nicht mehr gestritten, sondern gefeiert.
Kaum einer ahnte etwas von der Selbstlosigkeit und Beharrlichkeit des Mannes. Was durch ihn in jahrelanger Arbeit unbemerkt geschaffen worden war, schrieben viele Menschen irgendeiner Laune der Natur zu. Doch ihm machte das nichts aus, denn er hatte das getan, was sein Auftrag geworden war. Er hatte auf seine eigene Art Frucht gebracht.

(Dies ist die Geschichte von Elzéard Bouffier, 1858–1947)

Nacherzählt von Karl-Heinz Dirwald

Kreative Ideen

13. Sonntag nach Trinitatis

Baumübung

Verwurzelt in Gottes Liebe

Einen festen Halt haben und fest verwurzelt sein, das können wir mit dieser Übung nachempfinden. Evtl. wird dazu leise Musik gespielt.

Wir verteilen uns im Raum, so dass genug Platz um uns herum ist. Die Füße stehen im natürlichen Abstand nebeneinander. Wer mag, kann die Augen schließen. Wir spüren unsere Füße. Unsere Fußsohlen liegen weich auf der ganzen Fläche auf, so als ob sie sich festsaugen könnten. Die Zehen sind wie feine Wurzeln. Ich merke, wie sie in den Boden führen und mich halten. Wir können nun das Gewicht auf die Ferse verlagern. So geht es immer hin und her – von den Zehen auf die Ferse. Diese Bewegung ist nicht zu sehen, nur zu spüren. Genau wie ein Baum auch immer eine geringe Bewegung in sich hat. Wir stehen wieder auf der ganzen Fußfläche. Nun merke ich, wie mich die Kraft durchströmt, wie der Saft den Baum. Bin ich ein Baum? Ich bin stark wie ein Baum. Wir haben die Kraft, uns zu strecken. Der Kopf ist der Baumwipfel. Da beginnen sich die Arme zu strecken und lang zu werden. Starke Äste strecken sich zum Himmel. Ganz beweglich sind meine Finger, kleine Zweiglein. Sie wollen die Wolken kitzeln. Wir strecken den Arm und den Kopf noch höher. Alles an mir ist sicher und fest wie ein Baum. Alles ist gut. Ich weiß nun, wie wichtig ein fester Halt ist.

14. Sonntag nach Trinitatis

Gebetsgestaltung

In Gottes Liebe bleiben

O Herr, mache mich zum Werkzeug deines Friedens, dass ich Liebe übe, wo man mich hasst, dass ich verzeihe, wo man mich beleidigt, dass ich verbinde, wo Streit ist, dass ich die Wahrheit sage, wo Irrtum herrscht, dass ich Hoffnung wecke, wo Verzweiflung quält, dass ich ein Licht anzünde, wo Finsternis regiert, dass ich Freude bringe, wo Kummer wohnt.

Ach Herr, lass mich trachten, nicht, dass ich getröstet werde, sondern dass ich tröste, nicht, dass ich verstanden werde, sondern dass ich verstehe, nicht, dass ich geliebt werde, sondern dass ich liebe.

Denn wer hingibt, der empfängt, wer sich selbst vergisst, der findet, wer verzeiht, dem wird verziehen, und wer stirbt, der erwacht zum ewigen Leben.

(Souvenir Normand um 1913)

Der Text wird vergrößert und auf festen Karton kopiert. Die einzelnen Bitten werden auf separaten Blättern (»getröstet werden und trösten« oder »Hoffnung wecken, wo Verzweiflung quält« oder »verbinden, wo Streit ist« oder …) geschrieben. *(Kopiervorlage im Internet, siehe Vorwort)*

Jeder sucht sich eine Bitte heraus, die ihm schwer fällt. Diese wird auf dem Altar abgelegt.
Danach wird eine Bitte herausgesucht, die froh stimmt und Mut macht. Diese wird an ein Weinstockmandala geheftet.
Die kleineren Kinder bekommen eine Mandala-Kopie zum Ausmalen.

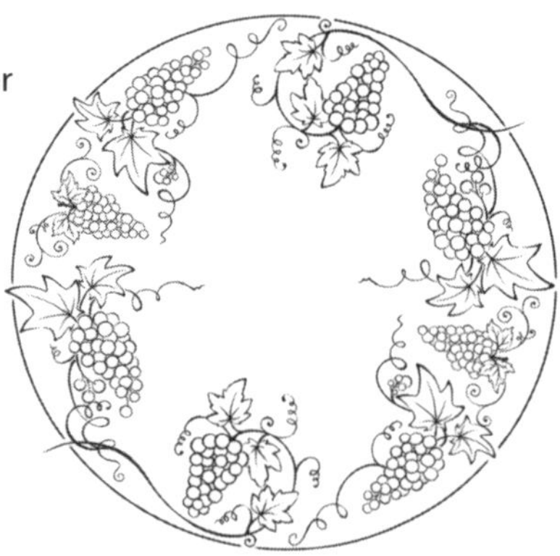

15. Sonntag nach Trinitatis

Vorbilder finden
(In Gottes Liebe Frucht bringen)
Welche Personen fallen uns ein oder welche Menschen kennen wir, die durch Gottes Liebe so stark wurden, dass sie viel »Frucht bringen« konnten?

Ein Bild von einem Weinstock wird aufgehängt. (Weinstockbilder lassen sich als lizenzfreie Bilder aus dem Netz herunterladen.) Um dieses Bild herum schreiben wir die Namen dieser Menschen …

Foto: © kissofdeath – Fotolia.com

Wir betrachten den Weinstock und überlegen, welche Person für uns ein Vorbild sein kann.

Zum Abschluss singen wir

Lied: Ich bin der Weinstock

Melodie: Siegfried Macht, aus: ders.: Kleine Leute, große Töne, München 1999, Einspielung auf gleichnamiger Doppel-CD, © beim Autor

Stichworte:
Weinstock, Abschied, Baum, Jünger

Karl-Heinz Dirwald

Sich regen bringt Segen – Von Tieren für das Leben lernen

20.09.2015
(16. Sonntag nach Trinitatis)
Die geselligen Schwalben – wohnen in Gottes Nähe
(Psalm 84,2–4)

27.09.2015
(17. Sonntag nach Trinitatis)
Die fleißigen Ameisen – ernten, was Gott gesät hat
(Sprüche 6,6–8)

04.10.2015
(18. Sonntag nach Trinitatis/Erntedank)
Die aufmerksame Taube – sieht, was Gott für uns wachsen lässt
(1 Mose 8,8–12; 9,22)

11.10.2015
(19. Sonntag nach Trinitatis)
Die durstigen Kamele – warten auf Gottes Fürsorge
(1 Mose 24,10–21)

Kinder fühlen sich mit Tieren eng verbunden. Das kleine Kind im Kinderwagen nimmt jeden Hund (»Wauwau«) und jede Katze (»Miau«) mit großer Freude wahr. Für kleine Kinder sind die Tiere, mit denen sie leben, gleichwertige Mitgeschöpfe, sozusagen Partnerinnen und Partner. Das gilt nicht nur für lebendige Tiere, sondern genauso für Stofftiere, die ihre Aufgabe als Schmusetiere erfüllen. Dabei werden die Tiere nicht so wahrgenommen, wie sie wirklich sind. Vor den Löwen, Bären, Tigern »mit Knopf im Ohr« muss man sich nicht fürchten wie vor echten wilden Tieren. Durch diese Vermenschlichung der Tiere werden sie zu Spiegelbildern des eigenen Lebens.

Wie aus den unzählbar vielen Vergleichen mit den Tieren ersichtlich, helfen uns Tiere, unsere Lebenswirklichkeit zu verstehen. Auch bei den hier vorgestellten Bibeltexten werden die Tiere (außer bei 1 Mose 24,10–21) als Vergleich herangezogen. Der Durst der Kamele wird erst durch diese Kindergottesdiensteinheit sinnbildlich verstanden. Tiere sind mit der Natur enger verbunden als wir; deshalb können wir von ihnen lernen, dass wir nicht über der Schöpfung stehen, sondern Mitschöpfung sind. Das heißt dann, von den Tieren den Erntedank lernen.

Zusammenkommen – sich Gott zuwenden

Psalmgebet *(nach Psalm 84)*

Meine Seele verlangt und sehnt sich nach dir, Gott.
Ich freue mich, dass du für mich da bist.

Der Vogel hat ein Haus gefunden
und die Schwalbe ein Nest für ihre Jungen.

So sind wir bei dir, Gott, zuhause
und loben dich immerdar.

Es tut uns gut, bei dir zu sein, Gott,
weil du uns stark machst.

Unser Leben kann uns schwer werden,
wie wenn wir am Verdursten wären.

Du, Gott, erfrischst uns wieder wie eine Quelle
und wie wenn Regen auf dürres Land fällt.

Schau uns ins Gesicht, Gott. Höre unser Gebet.
Du bist Sonne und Schild.

Du hast für uns alles Gute.
Wie gut ist es für uns, wenn wir uns auf dich verlassen.

Hören – Antworten

Gebet

Dieses Gebet kann in den vier Teilen für jeden der vier Sonntage gesprochen werden. Es kann auch von Sonntag zu Sonntag um einen Teil wachsen, dann werden die vorangegangenen Sonntage gedanklich immer mit einbezogen.

Wie die Schwalbe ein Nest braucht, so brauchen wir ein Zuhause.
Wir danken dir für unser Zuhause.
Wir bitten dich für alle, die kein Zuhause haben
oder sich Zuhause nicht glücklich fühlen.

Wie die Ameisen sammeln, was sie für ihr Volk brauchen,
so finden wir so viel, was unser Leben reich macht.
Wir danken dir, dass es so schön ist auf der Welt.
Wir bitten dich, hilf uns, die Welt zu erhalten.

Wie die Taube das Blatt findet, so finden wir zu essen, was wir brauchen.
Wir staunen, wie viel es zu essen gibt und wie gut es schmeckt.
Wir wollen achtsam mit dem Essen umgehen.
Wir denken daran, dass in unserer Welt Menschen hungern müssen.

Wie das Kamel sich satt trinkt, so erfrischt uns das Wasser jeden Tag.
Wir trinken Saft. Wir schwimmen im Meer.
Wir freuen uns, wenn die Blumen nach dem Regen sich wieder erholen.
Wir bitten für alle Menschen, die durstig sind nach Wasser und nach Freude.

Kurzgeschichte

Die vier Tiere, die im Mittelpunkt dieser Einheit stehen, sind die Hauptpersonen dieses Märchens. Die Zielgedanken der Einheiten werden in das Gespräch an der Quelle mit aufgenommen und mit dem Thema Dankbarkeit verbunden. Das Märchen kann in einem monatlichen Kindergottesdienst vorgelesen werden. Es kann aber auch ein Baustein im Erntedankgottesdienst sein. Denkbar ist auch, die Geschichte mit verteilten Rollen (Erzähler und die vier Tiere) darzubieten.

Tiertreff vor Sonnenuntergang

Vor langer, langer Zeit trafen sich ganz zufällig vier Tiere bei Sonnenuntergang unter der krummen Palme an der gluckernden Quelle. Es trafen sich Schwa, die Schwalbe, Amei, die Ameise, Tau, die Taube, und das Kamel Kamle. Sie alle wollten vom frischen Wasser der gluckernden Quelle trinken und der Sonne beim Untergehen zuschauen. Sie hatten gemeint, sie würden diesen Abend allein erleben. Nun aber trafen sie drei ihrer Mittiere und freuten sich über die gute Gesellschaft.
»Was habt ihr heute erlebt?«, fragte die Schwalbe.
»Was habt ihr den Tag lang getan?«, fragte die Ameise.
»Was ist euch zugestoßen, heute?«, fragte die Taube.
»War es ein Geschenk, der heutige Tag?«, fragte das Kamel.
Schwa, Amei, Tau und Kamle wurden still und dachten eine Weile nach. Sie starrten in den See mit der gluckernden Quelle und freuten sich an ihrem Spiegelbild. Die kleinen Wellen veränderten ihre Gesichter, so dass sie leise kichern mussten.
Dann fing Schwa, die Schwalbe, zu erzählen an:

»Nicht weit von hier ist ein Dorf. Dort wohnen Menschen: Kinder, Frauen und Männer. Sie haben eine Scheune gebaut für das Heu. Da unter dem Dach habe ich und Schwalber, mein Schatz, einen guten Platz gefunden für unser Nest. Jetzt können wir unsere Familie gründen. Jetzt können wir Kinder kriegen und groß ziehen. Es war ein guter Tag.«
Dann sprach Amei, die Ameise. Sie sprach schnell mit ihrer leise krächzenden Stimme: »Groß wächst unser Ameisenberg. Keiner kann zählen, wie viele Ameisen wir sind in unserem Volk. Unzählbar viele sind wir und haben doppelt so viele Fühler und sechs Mal so viele Beine. Und wir helfen alle zusammen. Heute haben ich, Amei, und Bemei und Cemei und Demei, wir vier zusammen einen großen Stock zum Ameisenberg getragen. Sie haben mit den Fühlern geklatscht, die andern alle, wie wir so gutes Bauholz gebracht haben. Es war ein guter Tag.«
Tau, die Taube, sprach mit weichem Gurren:
»Vierzig Tage nur Regen, jetzt endlich Sonnenschein. Wo die Felder waren, ist jetzt ein großer See, wo die Pflanzen groß werden sollen, nur Wasser. Weit übers Wasser bin ich geflogen. Und heute zum ersten Mal sehe ich ein kleines Blättchen aus dem Wasser schauen. Ich nehme das Blättchen in den Schnabel. Ich zupfe es ab und bringe es zu den Tauben, die in den Ästen des Baumes auf besseres Wetter warten. Alle fangen an zu gurren und freuen sich. Das Wasser geht zurück. Wir finden wieder, was wir zum Leben brauchen. Es war ein guter Tag.«
Alle zuckten zusammen als Kamle, das Kamel, zu sprechen anfing. Seine Stimme war sehr tief und sehr laut:
»Durch Nacht und Tag sind wir gereist von weither bis hierher, der Knecht meines Herren und wir, die schönsten Kamele seiner Herde. Eine geheime Aufgabe hat der alte Knecht zu erfüllen, so geheim, dass ich euch davon nichts erzähle. Ihr Vögel könnt ja die Schnäbel nicht halten. Heute Morgen kamen wir zum Brunnen im Dorf. Dort holten die Mädchen mit ihren Krügen das Wasser für den Tag. Der Knecht meines Herrn sprach das schönste der Mädchen an: ›Gib mir einen Schluck Wasser!‹ Da gab ihm das Mädchen zu trinken und nicht nur ihm. Sie führte uns Kamele alle zur Tränke und wir schlürften das kühle, frische Wasser in uns hinein Zug um Zug. Es braucht lange, bis ein Kamel seinen Durst gestillt hat. Und der Knecht meines Herrn strahlte, denn jetzt wusste er, dass sein Auftrag erfüllt war. Aber davon darf ich euch nicht erzählen. Es war ein guter Tag.«
Wieder schwiegen die vier Tiere eine lange Weile. Dann flatterte die Schwalbe auf und setze sich auf den einen Höcker des Kamels. Die Taube flog auf den anderen Höcker. Schwalbe und Taube waren die ersten, die wieder zu reden anfingen. Vögel können den Schnabel nicht halten.
»Die Welt ist heute schöner geworden«, sagte Schwa, die Schwalbe.
»…und bunter«, fügte Tau, die Taube hinzu. Dann flatterten die Vögel in die Luft auf und davon.
»Die Welt ist besser geworden«, sagte Amei, die Ameise, und krabbelte Richtung Ameisenberg.
»…und lustiger«, brummte Kamle, das Kamel, schaute in die gluckernde Quelle und zwinkerte seinem Spiegelbild zu.

Gottfried Mohr

Zu jedem Sonntag werden zwei Spiel-/Gestaltungsideen vorgeschlagen. Die eine Idee soll unsere Nähe zu der vielfältigen Tierwelt vergegenwärtigen. Die zweite Idee stellt die Besonderheit der vier exemplarischen Tiere aus der Bibel dar. Die Vorschläge können in der Gesamtgruppe der Kinder oder in altersspezifischen Gruppen (entsprechend variiert) durchgeführt werden.

16. Sonntag nach Trinitatis

Mein Lieblingstier

Jedes Kind überlegt sich zwei oder drei seiner Lieblingstiere. Dann stellt jedes Kind sein Lieblingstier den anderen Kindern zum Raten entweder mit einem Geräusch oder einer Bewegung vor. Wenn zwei Kinder dasselbe Lieblingstier haben, weichen sie auf das zweite oder dritte Lieblingstier aus.

Wohnungen

HÜTTE	BAU	STALL	KORB
NEST			AFFEN
HORST			HUNDE
SCHLAG			SPINNEN
AMEISEN			LÖWEN
NETZ			TAUBEN
HAUS			BÄREN
KATZEN			BIENEN
STOCK			ADLER
FUCHS			HÖHLE
GRABEN	SCHWALBEN	HAUFEN	SCHWEINE

Welche Wohnung gehört zu welchem Tier?
Man kann für jedes Kind diese Vorlage kopieren. *(Kopiervorlage im Internet, siehe Vorwort)* Dann sollen die Kinder mit bunten Strichen die Tiere mit den passenden Wohnungen verbinden. Man kann Kärtchen machen mit den Tieren und den entsprechenden Wohnungen, die die Kinder richtig zusammenlegen sollen. Man kann aber auch mit den Kindern, die noch nicht lesen können, ein Quiz machen: Wie heißt die Wohnung von: Hund, Ameise, Fuchs …? Oder: Welches Tier wohnt im Stall, Höhle, Bau …?

17. Sonntag nach Trinitatis

Stofftiere

Die Kinder werden schon am Sonntag vorher gebeten, ein oder zwei Stofftiere von zuhause mitzubringen. In der Mitte des Stuhlkreises wird nun ein großer »Zoo« aus den vielen Tieren gestaltet. Die Kinder überlegen die Gestaltung: Welche Tiere passen zueinander? Wie können wir das Bild gestalten, dass es besonders schön aussieht?

Was Tiere können

Wie legen das »einfachste Lied der Welt« zugrunde: »Alle meine Entchen schwimmen auf dem See.«
Wir singen die erste Strophe und erfinden weitere Strophen dazu unter dem Thema: Was Tiere können. Wir können dabei die Tiere vorgeben;
Beispiel: Spatzen – Alle meine Spatzen fliegen auf den Baum.
Die Kinder können selbst Tiere nennen. Die anderen erfinden dazu die Strophe.
Es dürfen auch lustige Strophen entstehen.
»Alle meine Raupen wandeln sich zum Schmetterling.«
»Alle meine Holzwürmer bohren Löcher in den Schrank.«

Für die Größeren, für die das Lied zu kindlich ist, kann alternativ ein Gespräch geführt werden:
»Wir haben gelernt, wie die Vögel zu fliegen, wie die Fische zu schwimmen; doch wir haben die einfache Kunst verlernt, wie Brüder zu leben.« Ausgehend von diesem Zitat von Martin Luther-King überlegen wir mit den Kindern, was Tiere besser können als Menschen. Wir schreiben jede Erkenntnis auf eine Karte (z. B. Ein Frosch kann weiter springen als ein Weitspringer.)

18. Sonntag nach Trinitatis – Erntedankfest

Wenn ich ein Tier wär

Gesprächsrunde:
Wir sammeln Redensarten, die Menschen mit Tieren vergleichen. Klug wie …, schnell wie …, faul wie … Nach dieser Einstimmung fragen wir uns: Wenn ich ein Tier wäre, welches Tier möchte ich sein und warum? Die Kinder lassen sich gegenseitig an ihren Vorstellungen von sich selbst teilnehmen. Das setzt gegenseitiges Vertrauen voraus. Wichtig ist, dass die Äußerungen nicht kommentiert werden und kein Kind ausgelacht wird.

Jedes Tierlein hat sein Essen

Mit den Jüngsten machen wir wieder ein kleines Quiz: Was frisst welches Tier?
Mit den Größeren stellen wir uns vor, es gäbe einen Lebensmittelsupermarkt fürs Essen von Tieren. Wir erfinden Nahrungsprodukte für die unterschiedlichsten Tiere und Werbesprüche für diese.

19. Sonntag nach Trinitatis

Tiere sehen schön aus – Fantasietier gestalten
Die Kinder gestalten in Gruppen zu dritt oder viert auf je einem Plakatkarton ein Fantasietier. Sie malen den Umriss des Tieres und gestalten es dann durch Bekleben mit unterschiedlichen Materialien (Stoffresten, Wollresten, Naturmaterialien, buntem Papier …) und durch Bemalen.

Konferenz der Tiere
Die Menschen breiten sich immer mehr auf der Welt aus. Die Tiere kommen zu kurz. Deshalb haben sich alle Tiere zu einer Konferenz zusammengefunden. Sie wollen ihre Forderungen an die Menschheit in zehn (oder fünf) Punkten zusammenfassen.
Die Kinder entwerfen diese Forderungen und schreiben sie auf ein Plakat.

Stichworte:
Mensch und Tier, Dankbarkeit für die Gaben der Natur, Tiere

Gottfried Mohr

Geschichten von Elia und Elisa

18.10.2015
(20. Sonntag nach Trinitatis)
Propheten – Visionen – Gerechtigkeit
(1 Könige 21)

25.10.2015
(21. Sonntag nach Trinitatis)
Die Aufgabe annehmen schafft Weisheit
(1 Könige 19,19–21; 2 Könige 2,1–18)

01.11.2015
(22. Sonntag nach Trinitatis/Erntedank)
Bescheidenheit macht gesund
(2 Könige 5,1–19)

08.11.2015
(Drittletzter Sonntag im Kirchenjahr)
Gemeinsam essen schafft Frieden
(2 Könige 6,18–23)

In dieser Kindergottesdienstreihe gerät der eher unbekannte Prophet Elisa in den Blick der Kinder. Das lässt sie aufmerksam und genau auf die Geschichten hören. Nur wenige Kinder werden sagen: »Die Geschichte kenne ich schon.« Das ist ein großer Vorteil.
Der Prophet Elia sieht Elisa pflügend auf dem Feld. Er geht zu ihm hin und wirft Elisa seinen Mantel über. Damit wird Elisa zu einem Mann Gottes, zum Propheten und zum Nachfolger Elias, der König Ahab mutig entgegengetreten ist und auf dem Berg Karmel allein für Gott gekämpft hat. Elisa nimmt die Aufgabe an, Gottes Prophet zu sein. Aber er muss in den »Mantel« seines großen Vorgängers, den er »erbt« (2 Könige 2,13f.), erst hineinwachsen. Somit bildet der »Mantel« Elias das Bindeglied zwischen der Geschichte von »Nabots Weinberg«, in der Elia auf Gottes Recht und Gerechtigkeit pocht und den Geschichten um Elisa. Der »Mantel« wird zum kreativen Baustein der Reihe, der durch die Kinder zum »Mantel des Propheten« gestaltet wird.
Die Reihe ist für den wöchentlich stattfindenden Kindergottesdienst konzipiert.

Liturgische Gestaltung

Zusammenkommen – sich Gott zuwenden

Psalmgebet nach Psalm 129,1–4.8

Der Psalm mit Kehrvers, der die ganze Reihe hindurch gebetet wird, nimmt zentrale Gedanken der erzählten Geschichten auf.
Gott, sei gerecht!
Alle: Gott, sei gerecht und segne, die dich lieben.
Eine/r: Es gibt Länder, da wütet der Krieg:

Da werden Familien verschleppt und vertrieben,
ihre Häuser niedergebrannt,
ihre Äcker zerstört.
Wir rufen dir zu:
Alle: Gott, sei gerecht und segne, die dich lieben.
Eine/r: Es gibt Menschen, die unter der Gewalt anderer leiden:
Sie werden getreten und geschlagen,
beschimpft und bedroht,
missachtet.
Wir rufen dir zu:
Alle: Gott, sei gerecht und segne, die dich lieben.
Eine/r: Wer immer mich bedrängt,
wird mich nicht kleinkriegen:
Denn ich entscheide mich für Frieden,
für Hilfe in der Not,
für dich.
Ich rufe dir zu:
Alle: Gott, sei gerecht und segne, die dich lieben.
Amen

Ewald Schulz, in: Dir kann ich alles sagen, Gott. Psalmenübertragungen nicht nur für Kinder, Rheinischer Verband für Kindergottesdienst, S. 134, © beim Autor.

Kurzgeschichte

Das folgende Lied »Vaters Mantel« des Liedermachers Reinhard Mey verdeutlicht, wie wichtig und wertvoll ein Kleidungsstück im Leben eines Menschen sein kann und »wie geadelt« sich der Erbe des Mantels fühlt, wenn er ihn trägt. Das Lied kann im Kindergottesdienst vor der Erzählung der ersten Geschichte der Reihe und/oder im Vorbereitungskreis als Einstieg in die Reihe gehört werden. Im Anschluss wird zusammen überlegt, was Kleidungsstücke zu ganz besonderen Kleidungsstücken macht.

Vaters Mantel
Er sitzt auf dem Küchentisch im Schneidersitz
in der kleinen Küche, verstreut um ihn liegen
Kreide, Stoffbahnen, Schnipsel und Garn,
er summt vor sich hin und seine Hände fliegen.
Sie führen Nadel und Faden geschickt,
pfeilschnell und wohlbedacht durch das Gewebe,

hebt die Hand, hält inne, hält Nadel und Garn
für einen prüfenden Blick in der Schwebe.
Die Kinder kennen das Bild nur zu gut,
das Zuschneiden, Auftrennen, Nähen und Messen,
sie woll'n, dass der Tisch wieder ihnen gehört
für die kurze Zeit vor dem Abendessen.
Und sie fragen die Mutter, was näht er denn grad',
und die Mutter flüstert, fast als wär's ein Verrat:
Vaters Mantel

Er näht ihn aus schwerem, kostbarem Tuch,
er näht ihn für immer, er näht ihn mit Liebe.
Das hat er gelernt, als er vierzehn war,
und noch immer spürt er die Rohrstockhiebe,
wenn der Meister in blinden Zorn geriet,
weil ein Muster sich nicht in ein Muster fügte,
unsichtbar, nur einen Fadenbreit,
und das kleinste Versehen mit Schlägen rügte.
Vom ersten Tageslicht bis in die Nacht,
und keinen Feiertag gab's bei dem Schinder.
Zu fünft waren sie und sie nähten für ihn,
zu fünft und sie waren noch allesamt Kinder.
Die Nähstube kalt und der Lohn jämmerlich.
aber diesen Mantel, den näht er für sich!
Vaters Mantel

Zu Haus acht Geschwister in karger Zeit,
er bringt sie durch mit dem Geschick seiner Hände,
näht, bügelt, wäscht für sie und er füllt
ihre Teller, wenn's eng wird zum Monatsende.
Er heftet den Kragen an das Revers,
um das Fischgrätmuster genau anzusetzen,
näht das seidige Futter ein und er sieht
sich heimkehren aus dem Krieg in einem Fetzen.
Sieht sich im gottverlassenen Unterstand
noch für all die andern armen Teufel nähen,
Fußlappen aus Fahnen und Uniform,
auf denen sie dann in Gefangenschaft gehen.
Den Krümel Tabak teilt er brüderlich,
aber diesen Mantel, den näht er für sich!
Vaters Mantel

Er hat ihn betrachtet mit stillem Stolz:
die Stulpen am Ärmel, der aufrechte Kragen,

die Knöpfe, die Patten, die schnurgrade Naht,
im Dorf hat noch keiner so einen getragen.
Er näht für die Frau und die Kinder jetzt
Hosen und Rock, macht Neues aus alten Dingen,
macht Mützen und näht Kleider für das Dorf
aus den Stoffresten, die ihm die Leute bringen.
Sie kommen gern auf einen kleinen Schwatz
herein, wenn sie das fertige Stück abholen,
sie loben die Arbeit, zahlen den Lohn,
und durch die Küchentür blicken sie verstohlen
auf den Flur: Da hängt er fein säuberlich
auf dem Bügel, ein Meisterstück Stich für Stich!
Vaters Mantel

Ich sehe ihn vor mir im Schneidersitz,
um ihn verstreut Schnipsel und Stoffreste,
das Maßband ausgerollt um seinen Hals,
bunte Fäden wie Orden auf seiner Weste.
Er hat mir den Mantel geschenkt, als er
ihm groß geworden war in späten Jahren,
er hat mich geadelt mit dem Geschenk
und dem Vertrau'n, ihn in Ehren zu bewahren.
Das gute Tuch, neu wie am ersten Tag,
die Stulpen, die Ärmel, der aufrechte Kragen!
Ich trag ihn und trag die Erinnerung
an den Schneider an ganz besonderen Tagen,
mit Freude, aufrecht und feierlich,
ich bin mir bewusst, heut trage ich
Vaters Mantel.

Kreative Ideen

Der Mantel des Propheten Elia, den er in über seinen Nachfolger Elisa wirft (1 Könige 19,19), bildet das verbindende Element zwischen den Geschichten von Elia und Elisa. Er begleitet die Kinder durch die Reihe und zeigt, indem er sich von Sonntag zu Sonntag verändert, die Aufgaben eines Propheten: Gerechtigkeit zu verkünden und Unrecht zu benennen, weise zu sein, zu heilen und Frieden zu stiften. Um die Idee umzusetzen, wird ein alter Damen- oder

Herrenmantel benötigt, der sich bestimmt irgendwo in einem Kleiderschrank finden lässt. Dieser Mantel wird im Gottesdienstraum aufgehängt oder, wo das nicht möglich ist, über einen Stuhl oder eine Bank gelegt.

20. Sonntag nach Trinitatis

Mantel der Gerechtigkeit

(1 Könige 21)
Material: Gelbe Papierstreifen, dicke Faserschreiber, doppelseitiges Klebeband oder Stecknadeln.
Nach der Erzählung der Geschichte wird zusammen mit den Kindern überlegt, gegen welche der zehn Gebote König Ahab verstoßen hat. (Du sollst nicht töten, nicht stehlen, nicht falsch Zeugnis reden wider deinen Nächsten, nicht begehren, was deinem Nächsten gehört ...) Die Gebote, welche die Kinder nennen, werden mit den Faserschreibern auf die Papierstreifen notiert und mit dem Klebeband oder den Stecknadeln außen am Mantel befestigt.

21. Sonntag nach Trinitatis

Mantel der Weisheit

(1 Könige 19,19–21; 2 Könige 2,1–18)
Material: Grüne Papierkreise (Durchmesser ca. 10 cm), Faserschreiber, doppelseitiges Klebeband oder Stecknadeln.
Nach der Erzählung der Geschichte benennen die Kinder, was sich Elisa wohl von Elia gewünscht hat (z. B. Mut, Kraft, Klugheit, Redegewandheit ...) Die Kinder schreiben mit den Faserschreibern ihren Begriff/ihre Begriffe auf die Papierkreise (für jüngere Kinder übernehmen Mitarbeitende das Beschriften der Kreise) und befestigen sie anschließend mit dem Klebeband oder den Stecknadeln innen im Mantel.

22. Sonntag nach Trinitatis

Mantel der Heilung

(2 Könige 5,1–19)
Material: blaue Papierwassertropfen mit aufgedrucktem oder geschriebenem Satzanfang »Wasser macht ...« *(Kopiervorlage im Internet, siehe Vorwort)*, dicke Faserschreiber, doppelseitiges Klebeband oder Stecknadeln.

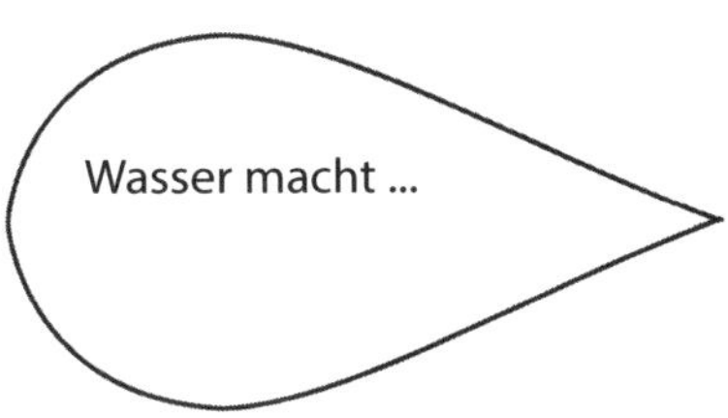

Nach der Erzählung der Geschichte werden die Kinder aufgefordert, den Satz: »Wasser macht ...« zu vollenden. Die Kinder vervollständigen mit den Faserschreibern den Satz auf dem Papierwassertropfen. (Für jüngere Kinder übernehmen Mitarbeitende das Beschriften der Tropfen.) Im Anschluss werden die Tropfen mit dem Klebeband oder den Stecknadeln außen am Mantel befestigt.

Drittletzter Sonntag des Kirchenjahres

Mantel des Friedens

(2 Könige 6,18–23)

Material: weiße Papiertauben, bunte Faserschreiber, doppelseitiges Klebeband oder Stecknadeln.

Nach der Erzählung der Geschichte schreiben die älteren Kinder das Wort Frieden in unterschiedlichen Sprachen (z. B. Schalom, Peace, Mir, paix, pax, paz, pace …) in die Papiertaube. Die jüngeren Kinder malen die Taube aus. Dann werden die Tauben mit dem Klebeband oder den Stecknadeln außen am Mantel befestigt.

(Kopiervorlage im Internet, siehe Vorwort)

Zeichnung: Urd Rust

Stichworte:

»Mantel des Propheten«, Wassertropfen, Taube

Anke Schäfer

Viele Wohnungen in Gottes Haus

15.11.2015
(Vorletzter Sonntag im Kirchenjahr)
Ich bereite alles vor
(Johannes 14,1–4)

22.11.2015
(Ewigkeitssonntag)
Kommt, denn es ist alles bereit
(Markus 14,12–17)

Kinder begegnen viel häufiger dem Thema »Tod«, als wir Erwachsenen es wahrhaben wollen. Noch viel weniger wird mit ihnen darüber gesprochen. Für ihre Sehnsucht nach dem, was hält und trägt über den Tod hinaus, für ihre Phantasien und Träume finden sie keinen Ort. Darum soll diese kleine Einheit am Ende des Kirchenjahres so gestaltet werden, dass Kinder ihren Ideen und Gedanken Gestalt und Ausdruck geben können. Die Sehnsucht nach einem bergenden und bleibenden Ort nach dem Tod wird im Bild vom Gotteshaus mit den vielen Wohnungen angerührt. Die Sehnsucht nach einer fröhlichen Gemeinschaft, die keine Wünsche offen lässt, und einer Nahrung, die ewig den Hunger stillt, wird aufgenommen im Bild des Festes. Und Jesus sorgt dafür, dass alles für uns vorbereitet wird.
Niemand kann sagen, wie es für uns in Gottes Himmel sein wird. Darum ist hier viel Raum für das Theologisieren und Philosophieren. Das muss nicht immer mit Worten geschehen, zumal nicht nur den Kindern die passenden Worte fehlen werden. In dieser Einheit kann gestaltet, gewerkelt und erlebt werden. Die Kurzgeschichte führt von den Kinderfragen zu den beiden Bildern, die die Evangelisten uns malen. Das Lied bringt die fröhlich-feierliche Stimmung des Festes zum Ausdruck und spielt inhaltlich mit beiden Bildern.
In einem Gottesdienstmodell mit mehr Zeit können beide Texte nacheinander gestaltet und gefeiert werden.

Liturgische Gestaltung

Zusammenkommen – sich Gott zuwenden

Votum

Wir feiern Gottesdienst	
im Namen Gottes, der unser Zuhause ist,	*mit beiden Händen ein Dach über dem Kopf bilden*

im Namen Jesu, der uns einen Platz bereitet,	*beide Hände vor der Brust zusammenlegen und ineinandergelegt nach vorne strecken*
und im Namen der Geisteskraft, die uns darauf hoffen lässt.	*beide Arme in die Luft strecken*
Amen	

Psalmgebet *(nach Psalm 84)*

Alle: *Wie lieb sind mir deine Wohnungen, Gott!*
Eine/r: Meine Seele verlangt und sehnt sich danach,
alles in mir freut sich in dir.
Alle: *Wie lieb sind mir deine Wohnungen, Gott!*
Eine/r: Der Vogel hat ein Haus gefunden
und die Schwalbe ein Nest für ihre Jungen.
Alle: *Wie lieb sind mir deine Wohnungen, Gott!*
Eine/r: Die in deinem Haus wohnen haben es gut.
Sie loben dich ohne Pause.
Alle: *Wie lieb sind mir deine Wohnungen, Gott!*
Eine/r: Meine Seele verlangt und sehnt sich danach,
alles in mir freut sich in dir.
Alle: *Halleluja*!

Hören – Antworten

Lied
Melodie von »Liebster Jesu, wir sind hier« (EG 161) von J. R. Ahle (1664)

Himmlisch groß ist Gottes Haus,
ja, für dich, für mich, für alle.
Friedlich, fröhlich, Gottes Haus,
ja, für dich, für mich, für alle.
Herzensnot wird mich nicht treiben,
denn dort kann ich ewig bleiben.

Jesus ging dorthin voraus,
ja, für dich, für mich, für alle.
Zimmer frei in Gottes Haus!
Ja, für dich, für mich, für alle!
Er wird auch mein Türschild schreiben,
denn dort kann ich ewig bleiben.

Himmelsfest in Gottes Haus,
ja, für dich, für mich, für alle.
Jesus spricht die Einladung aus,
ja, für dich, für mich, für alle.
Er wird alles vorbereiten
und dort kann ich ewig bleiben.

Feiern – Teilen

Rezept:

Himmlisches Festtagsbrot

Zu einem richtigen Fest gehört auch ein Kuchenbrot. Und wenn es selbst gebacken ist, wird es umso wertvoller. In dieses Brot kann zum Grundrezept alles, was lecker ist, dazu kommen: Schokostreusel, gemahlene Nüsse oder Mandeln, kandierte Früchte oder Rosinen (immer etwa eine Handvoll insgesamt). Dieses Rezept lässt sich schnell und wirklich einfach backen.

1 P. Trockenhefe mit 450 ml lauwarmem Wasser verrühren. 500 g Mehl, 2 Teelöffel Salz und 2 Esslöffel Obstessig zufügen und gut verarbeiten. In eine gefettete Form geben und in den kalten Backofen stellen. *Sofort* etwa eine Stunde backen, dann 10 Minuten ohne Form im heißen Ofen nachbacken.

Kurzgeschichte

Die Geschichte ist eine Nacherzählung des Bilderbuches von Christine Hubka: Wo die Toten zu Hause sind, Wien 2004

Wo die Toten zu Hause sind

Laura geht die Stufen schnell hinauf – Tante Paula besuchen. Tante Paula ist ihre Großtante und schon alt. Beim letzten Geburtstagsfest stand oben auf der Torte eine 70. Laura klingelt. »Heinz und Paula Wagner«. Laura weiß, dass Tante Paulas Mann, Heinz Wagner, schon nicht mehr lebt. An ihn kann sich Laura nicht erinnern. Auf der Klingel

stehen trotzdem noch beide Namen. Und Tante Paula ist noch ganz fit und Laura ist gerne bei ihr.
Die Tür öffnet sich. In dem vertrauten Gesicht erscheint ein Leuchten. »Laura! Das ist aber fein, dass du bei mir vorbeischaust!« Laura freut sich auch, denn sie hat noch Zeit bis zu ihrer Musikstunde. Sie kommt gerade aus der Bücherei.
Mit einem Tablett mit Orangensaft und Keksen kommt die Tante aus der Küche. »Hast du in der Bücherei etwas gefunden?« Laura sagt kauend: »Ja, was für die Schule. Du weißt doch, dass wir da so eine AG haben. So mit Tod und Sterben und so.« »Stimmt, das hast du schon mal erzählt. – Und wie heißt das Buch, dass du dir ausgeliehen hast?«
»Es heißt: *Wo die Toten zu Hause sind*.« – »Echt? Was für ein Titel! Geht's da um Friedhöfe?« Laura schüttelt den Kopf. »Willst du es mal sehen?« Laura angelt das Buch aus der Tasche. Tante Paula nickt zustimmend. »Aber ja!« Gemeinsam blättern sie im Buch: Wo sind die Lebenden zu Hause? Klar, sie haben unterschiedliche Wohnungen: Hochhäuser, kleine Häuser, Zelte, Iglus, Wohnwagen. Tante Paula liest laut vor: »*Wer gestorben ist, kann nicht zu Hause bleiben. Wer gestorben ist, wird auf den Friedhof getragen und begraben.*« Sie hält kurz die Luft an und fährt dann mit dem Text fort. »*Aber die Toten sind nicht auf dem Friedhof zu Hause. Zu Hause sind sie bei Gott. Jesus sagt: In meines Vaters Haus sind viele Wohnungen. Ich gehe voraus und bereite alles für euch vor.*« Tante Paula blickt auf: »Laura, diesen Satz habe ich als Kind auswendig gelernt: *In meines Vaters Haus sind viele Wohnungen*. Das ist ein tröstender Gedanke. Wenn jemand gestorben ist, dann wird er eine Bleibe bei Gott finden.« Laura blättert die Seite um. »Siehst du, Tante Paula, hier geht es mit den Zimmern los. Keine Tür ist verschlossen. Jeder geht in das Zimmer, das ihm gut tun wird. Siehst du? Die Kranken gehen in ein Zimmer und werden geheilt. Die Traurigen werden fröhlich. Wenn jemand viel geweint hat, trocknet Gott ihm die Tränen. Und hier gibt es auch die, die glücklich sind! Sie machen Musik und tanzen.«
Ihre Köpfe über das Buch gebeugt, schauen die beiden es sich bis fast zum Ende an. »*Die Geheilten, die Entlasteten, die Gekrönten, die Tanzenden, die Singenden, – sie alle kommen aus den Wohnungen heraus. Wo gehen sie hin?*« Die letzte Seite des Buches liest Tante Paula laut vor: »*Mitten im Haus wartet ein großer, festlich geschmückter Saal auf alle, die hier zu Hause sind. Dort feiert Gott mit allen, die in seinem Haus wohnen, sein großes Fest. Und Jesus ist auch dabei.*« Beide sind ganz still geworden. »Das ist ein schönes Buch, Laura.« Glänzen da die Augen der Tante etwas oder ist es das Abendlicht? »Das macht mir Mut. Ein neues Zuhause mit vielen Wohnungen. Jeder findet das, was er nach einem langen Leben braucht.« Tante Paulas Blick wandert zu dem Foto von Onkel Heinz, das an der Wand hängt. Laura fragt: »In welches Zimmer, glaubst du, ist Onkel Heinz eingezogen?«
»Ganz sicher erst mal in das für die Kranken. Aber wenn er sich ausgeruht hat, ist er bestimmt zu den Musikern gegangen. Er hat nämlich die Posaune in der Kapelle geblasen!« Tante Paula schaut Laura an. »Heinz hat immer gesagt: *Ein Fest ohne Musik gibt es nicht*!« Und mit liebevoller Stimme fügt sie hinzu: »Deshalb finde ich es so toll, dass du auch Musik machst!«
Die Uhr schlägt die volle Stunde. Die Musikstunde! Fast hätten sie die vergessen. Laura packt ihre Sachen und umarmt die Tante zum Abschied. Laura ist sich ganz sicher, dass dieser Besuch eine gute Idee war.

Jutta Schitter

Foto: Urd Rust

Die kreative Gestaltung beider Geschichten baut auf dem Bilderbuch (s. o.) auf. Hier klingen nicht nur eine ganze Reihe Bibelworte an, sondern nach den Beschreibungen der verschiedenen Zimmer in Gottes Haus mündet auch alles in einem großen Fest. Wenn das Bilderbuch als Kamishibai-Theater oder besser noch als Erzählung (die die inneren Bilder der Kinder nicht so vorprägt, s. o.) in das Thema einführt, können die Kinder ihre eigenen Phantasien, wie es dem Thema entspricht, entwickeln.

Vorletzter Sonntag im Kirchenjahr

Jedes Kind darf sein Zimmer bei Gott phantasieren und herstellen. Dazu werden große Schuhkartons (für Stiefel) zur Verfügung gestellt und neben Scheren, Kleber, Klebeband und der Heißklebepistole (nur Erwachsene!) ein reiches Materialbüffet aufgebaut. Auf einem großen Tisch werden Folien, Geschenk-, Transparent- und Schmuckpapier, Bänder, Perlen, bunte Steine, Glitzerndes, Hölzer in unterschiedlichen Formen, Dinge aus dem Setzkasten, Muscheln, Stoffe, Watte, Wolle, CDs, Filmdosen, Kunstblumen … ausgelegt. Möglichst ohne sich einzumischen sollten die Erwachsenen die Kinder aussuchen und arbeiten lassen – nur zuhören, wahrnehmen, Hilfestellung und viel Zeit geben. Diese »Zimmer-bei Gott«-Kisten brauchen wir noch am nächsten Sonntag.

Letzter Sonntag im Kirchenjahr

Wir stellen unsere »Zimmer-bei Gott«-Kisten in einem großen Kreis auf, so dass wir innerhalb des Kreises alle um eine »Tafel« sitzen können. Eine schöne Tischdecke wird rund ausgelegt und festlich gedeckt: Servietten, Kerzen, Becher/Gläser, Blumen … Wenn alle an dieser Tafel im von den Gotteszimmern umgebenen Festsaal Platz genommen haben, kann von den Vorbereitungen für Jesu Abschiedsmahl erzählt werden und davon, dass für uns ein viel schöneres Festmahl bei Gott vorbereitet sein wird. Darauf können wir jedes Mal einen Vorgeschmack bekommen, wenn wir hier miteinander Abendmahl feiern …

Stichworte:
Bleibe bei Gott, Wohnung in Gottes Haus, himmlisches Fest, Hoffnungsbilder, Trost, Phantasie, Abendmahl

Urd Rust/Jutta Schitter

Ohne Josef geht gar nichts

29.11.2015
(1. Advent)
Josef gibt seinen guten Namen
(Matthäus 1,1–17)

06.12.2015
(2. Advent)
Josef packt an
(Matthäus 13,55–56)

13.12.2015
(3. Advent)
Josef übernimmt die Verantwortung
(Matthäus 1,18–25)

20.12.2015
(4. Advent)
Josef begibt sich mit Maria
auf die weite Reise
(Lukas 2,1–5)

24./25./26.12.2015
(Heiligabend/Christfest)
Josef steht bei
(Lukas 2,6–7)

27.12.2015
(1. Sonntag nach Weihnachten)
Josef traut seinen Träumen
(Matthäus 2,13–15.19–23)

Josef führt bei den Krippenspielen zu Weihnachten meist ein Schattendasein. Bei vielen Darstellungen der Geburt Jesu ist Josef eher eine Randfigur; ein alter grauhaariger, gebeugter Mann, der so tut, als ginge ihn das Ganze nichts an. Dabei ist es ganz reizvoll, die Geburtsgeschichte Jesu einmal aus der Sicht des Josef zu sehen. Dabei wird man entdecken: Ohne Josef geht gar nichts! Denn:

- Josef ist ein Kümmerer. Als Handwerker sind ihm die naheliegenden Dinge des Lebens vertraut: Woher bekommt man ein Dach über dem Kopf? Wie wird es warm? Gibt es was zu essen? Bei einer Darstellung im Erfurter Dom ist zu sehen, wie Josef sich ums Feuer und ums Essen kümmert.
- In Josefs Träumen vollzieht sich jeweils eine entscheidende Wendung in der Geschichte: Josef bleibt bei Maria, er gibt Signal zur Flucht nach Ägypten und anschließend zur Rückkehr nach Galiläa (den Weisen wird ein anderer Rückweg angewiesen). In den Träumen redet Gott (bei Lukas durch die Engel direkt). Das kennen wir Menschen; wir träumen alle. Wichtig ist, dass man seinen Träumen traut und Gottes Weisung wahrnimmt. Josef ist offen für Gott.
- Josef sorgt für Kontinuität und Verlässlichkeit. Über ihn führt die Abstammung Jesu bis hin zum König David, ja sogar noch weiter: bis hin zu Abraham, mit dem das Volk Gottes seinen Anfang nahm. Über Josef wird Jesus in das Heilsgeschehen gestellt, das alle Zeiten umfasst.
- Das neugeborene Kind, der Heiland der Welt, ist hochgradig gefährdet. Für das Kind der Liebe Gottes ist kein Platz in der Welt. Darum müssen sie fliehen. Von Anfang an ist das Leben Jesu hin zu seinem Sterben angelegt. Auf diese Weise wird die Heilsgeschichte Israels (Josef und seine Brüder ziehen nach Ägypten, später dann die Befreiung aus Ägypten) wiederholt.
- Wenn man bei der Weihnachtsgeschichte einmal alles weglässt, was bei Lukas vorkommt: von Zählung bis zum Stall, von den Hirten und den Engeln, dann verleiht Josef dieser Geschichte nochmal ganz andere Züge. Auf einmal steht Josef im Vordergrund, der Mann Gottes. Das ist auch ein schöner Zug für Gottesdienste, bei denen Jungen und Männer oft fehlen.

Liturgische Gestaltung

Zusammenkommen, sich Gott zuwenden

Votum

Im Namen Gottes, des Vaters: Er will uns nahe sein.
Im Namen Jesu, des Sohnes: In ihm macht Gott sich klein.
Im Namen des Heiligen Geistes: Durch ihn sind wir behütet und bewahrt.

Psalmgebet

Alle: *Ein Licht scheint hell!*
Eine/r: Allen, die sich im Finstern fürchten,
und allen, die im Dunkel sind,
in den Schattenseiten und auf den Irrwegen:
Ein Licht scheint hell – ein Volk sieht klar!
Alle: *Ein Licht scheint hell – ein Volk sieht klar!*
Denn ein Kind wird uns geboren, ein Sohn wird uns geschenkt.
Und die Herrschaft ruht auf seiner Schulter.
Frieden ist sein Machtwort und Gerechtigkeit seine Leidenschaft.
Ein Licht scheint hell – ein Volk sieht klar!
Gott kommt zur Welt – ja, das ist wahr!
Alle: *Ein Licht scheint hell – ein Volk sieht klar!*
Gott kommt zur Welt – ja, das ist wahr!

Eingangsgebet

Du unser Gott,
Menschen warten. Menschen hoffen.
Menschen warten – auf dich. Menschen hoffen – auf dich.
Warten, dass du kommst. Hoffen, dass du es hell machst in allen unseren Dunkelheiten.
Dass du uns erfüllst mit dem Licht deiner Liebe.
Darum bitten wir durch Christus, unsern Herrn. Amen.

Segen *(mit Gesten für alle)*

Gott segne dich auf den Wegen, die du gehst, immer ist er in deiner Nähe.	*eine Hand nach links und rechts ausstrecken*

Gott behüte dich. Er hält seine Hand über dir und lässt dich nicht fallen.	*Hände gemeinsam über die Köpfe heben*
Gott lässt sein Angesicht leuchten über dir. Hell wird es durch das Licht seiner Liebe, und du kannst strahlen vor Freude.	*Finger weit abgespreizt, Arme in Schulterhöhe in die Mitte führen, dann nach oben auseinandergehen*
Gott ist dir gnädig. Er ist dir zugewandt und lässt dich nicht in die Irre gehen.	*einander rechts und links die Hände auf die Schultern legen*
Gott erhebe sein Angesicht über dich. Er zeigt dir das Ziel deines Weges und geht mit dir mit.	*Hände sind zusammen in der Mitte – nach unten holen, Hände hinter die Rücken der benachbarten Kinder*
Gott gibt Frieden Frieden für dich, Frieden für mich, Frieden für die ganze Welt. Amen	*Hände einander reichen und drücken* *Amen*

Kurzgeschichte

Die Geschichte nimmt die Situation der Krippenspiele und ihrer Vorbereitung auf. Mit dieser Geschichte kann in das Hauptthema der Reihe, die besondere Rolle des Josef, eingeführt werden.

Jan war ganz aufgeregt, angespannt und verwirrt. Aufgeregt, denn in zwei Stunden begann der Gottesdienst mit dem Krippenspiel an Heiligabend. Und er sollte den Josef spielen! Angespannt, weil er sich unsicher war, ob auch alles klappte. Und zwar so klappte, wie er sich das ausgedacht hatte. »Ich weiß nicht, ob ich das schaff!«, dachte er. Sie hatten ja nur zweimal geübt. Und verwirrt war Jan auch. Nun ja: Vor zwei Tagen, am letzten Schultag, da waren diese Mädchen in der großen Pause auf den Schulhof gekommen, hatten gekichert und gegackert, ihn angemacht und gesagt: »Ha Ha, du musst ja dann die Lisa küssen. Hi Hi, die ist ja Maria und die musst du dann küssen! In der Kirche!! Hi hi!« Musste er sie wirklich küssen? Das hätte er gerne vorher gewusst! So was muss man doch schließlich wissen, als Mann! Aber wen sollte er fragen? Pastor Stratenkötter? Nein, das ging jetzt nicht mehr! Seinen Freund, den Mahmud? Wohl nicht, denn der kannte sich damit nicht aus, also jedenfalls mit Jesus und Kirche und so. Seine Mama? Auch nicht, denn die war viel zu beschäftigt. Also, das ist ganz schön anstrengend und verwirrend, den Josef spielen zu müssen und nicht zu wissen, ob man die nun küssen muss oder nicht … Obwohl – die Lisa war ja eigentlich ganz in Ordnung. Manchmal spielte sie sogar mit beim Fußball, bei den Jungs. Und war ganz gut, also für 'n Mädchen … Aber küssen??? Jetzt musste er sich selber was ausdenken.

Also angefangen hatte das vor ein paar Wochen. Nachmittags, bei der Ganztagsbetreuung, kommt einmal in der Woche der Pastor Stratenkötter und macht was mit den Ganztagskindern. Und da hatte er gefragt: »Wer von euch hat Lust, bei einem Krippenspiel an Heiligabend mitzumachen?« Und fast alle wollten. Sogar Mahmud und Dragomir, obwohl die, nun ja, anders glauben. Da hat er dann erklärt, worum es geht und dass sie nicht alle so viel Text auswendig lernen mussten. Weil – sie waren ja so eine Inklu-dingsbumsSchule, da waren welche, die konnten ganz gut lesen wie der Lukas und die Lisa, und solche wie Jan. Der konnte besser Fußball. Und nicht so gut Texte lernen. Nachdem Pastor Stratenkötter das alles erzählt hatte, haben sie die Rollen besetzt. Jan wollte am liebsten einen Engel spielen. Er hatte mal einen gesehen, der hatte ein Schwert. Und mit einem Schwert in der Kirche – cool! Aber das wurde dann der Lukas, weil der was auswendig sagen musste. Und der hatte auch gar kein Schwert. Und Lisa, die ein paar Häuser weiter wohnte, spielte die Maria. Und ziemlich am Ende blieben dann übrig: Josef und Jan. So nahm Jan dann die Rolle vom Josef.

Als er das zu Hause erzählte, hatte die Mama gejubelt: »Oh Jan, das ist toll! Das ist der wichtigste! J. wie Josef und J. wie Jan – das passt doch! Und ohne Josef geht da gar nichts – ohne dich auch nicht!« Und dann hatte sie besorgt gefragt: »Musst du denn viel auswendig lernen?« – »Nö«, hatte Jan geantwortet, »ich muss nur immer ›Hä?‹ fragen, und dann sagen die andern, was ich tun soll!«.

Nachmittags sollte dann jede Woche Probe sein. Einmal fiel es aus, weil der Pastor Stratenkötter krank war. Und das im Advent! Und bei der zweiten Probe letzte Woche – nun da hatte Jan nicht so richtig aufgepasst. Da stand er meistens nur irgendwie rum. Hinterher wurde er dafür gelobt: »Das hast du richtig gut gemacht, Jan«, meinte Pastor Stratenkötter, »der Josef steht nämlich meist nur rum und guckt die Maria an!«. Das fand Jan aber ein bisschen wenig. Nur angucken? Und rumstehen? Und so hatte er sich während der Probe immer überlegt, was der Josef denn sonst noch besonders gut konnte außer Rumstehen? Fußball? Wohl kaum, jedenfalls wusste er das nicht genau. Kümmern? Sich um Maria kümmern und dass es ihr gut ging? Das schon eher. Nur: wie? Und: womit? Ein Schwert ging ja nicht, die Hirten hatten wenigstens große Stöcke. Was hatte Josef? – Dann kam er drauf: eine Säge! Josef war doch Zimmermann! Da hatte der doch bestimmt eine Säge.

Noch zwei Stunden bis zu dem Gottesdienst. Er ging in den Keller, besorgte sich die große Bügelsäge von Papa, fragte: »Mama, kann ich ein Kissen mitnehmen?« –»Ja! Willst du denn schlafen in der Kirche?« Und den Hut von Papa nahm er mit, der rutschte ihm immer über die Ohren.

Und dann ging es los. Volle Kirche! Dolles Singen! Pastor Stratenkötter war noch ganz heiser. Jan machte seine Sache super. Er stand nicht nur rum und guckte Maria an. Jan (= Josef) sorgte sich um Lisa (= Maria): »Maria, pass auf, da ist ein Stein! Eine Pfütze! Der

Esel humpelt – soll ich dich tragen?« Und später: » Ich besorg' dir ein Dach über dem Kopf!« Im Stall: »Maria, hast du's auch bequem?« und er holte das Kissen, und noch ein paar Sitzkissen dazu. »Maria, ist es dir warm genug? Ich kann Feuer machen!« und zog mit seiner Säge los. Die Küsterin fürchtete schon um die Kirchenbänke, aber er nahm einem Hirten, dem Mahmud, nur den Stock weg: Mahmud guckte ganz dumm. »Den brauch ich!«, sagte Jan und sägte ihn in kleine Stücke, schichtete das Holz wie ein Feuer. »Josef!«, flüsterte Lisa-Maria zwischendrin, »Josef, ich kenn' dich ja gar nicht mehr wieder! Du kümmerst dich so gut um mich!« Da wurde Jan rot an den Ohren. Das war ja wie ein Kuss.

Volker Horstmeier

Kreative Ideen

Bei der Perspektive von Josef, dem Zimmermann, ist es naheliegend, mit Holz zu arbeiten. Die Vorschläge haben den Hintergrund eines monatlichen Gottesdienstes mit mehr Zeit. Sie sind vielleicht auch eher was für die Jungen, die gerne mit Werkzeugen umgehen.

Holzklötze

(evtl. vorbereiten): ein Kantholz (15 x 15 cm) aus dem Baumarkt, Länge meist 250 cm. Daraus quadratische Blöcke sägen (Sägebock, Bügelsäge). Die Ränder und Seiten glatt raspeln und schleifen (Raspeln, Schleifpapier).

In kleinen Gruppen wird überlegt: Welche Symbole und Bilder geben den Grundgedanken der jeweiligen Geschichte wieder? Auf die Seiten des Holzwürfels werden Symbole der jeweiligen Geschichten gemalt, mit Zimmermannsbleistift oder Fineliner. Anschließend kann man sie mit Lötkolben oder Brennpeter einbrennen. (Vorsicht, heiß!).

Beim wöchentlichen Kindergottesdienst kann mit Würfeln begonnen und die Geschichten in der Gruppe wiederholt werden. Beim monatlichen Kindergottesdienst nutzt man die Zeit, damit jedes Kind für sich einen Josefwürfel herstellt.

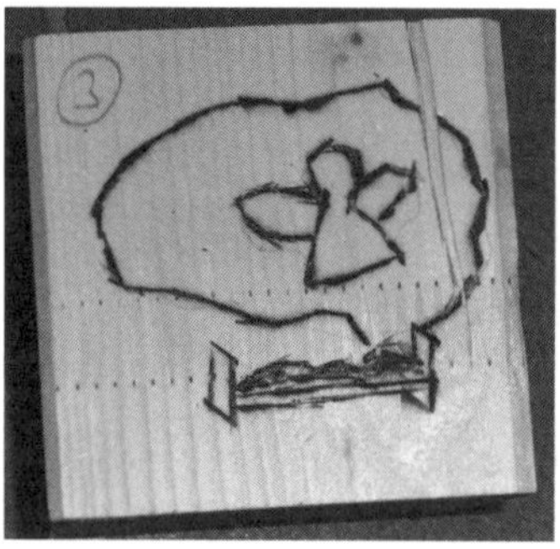

Fotos: Volker Horstmeier

Häuschen

Grundlage für diese Variante sind die Häuschen, die zur Einladung zur Gesamttagung nach DortMund 2014 verteilt wurden. (www.kindergottesdienst-westfalen/senfkornarchiv/1,2013,14). So werden sie hergestellt: Aus einem Kantholz (6x7,5) werden die beiden oberen Seiten in 45° abgesägt (das kann man besser in einer [Behinderten-] Werkstatt machen lassen). Davon werden dann fingerdicke Scheiben abgesägt. Dann glattschmirgeln! An jedem Sonntag kann die Geschichte mit diesen Häuschen in unterschiedlicher Form spielerisch gestaltet werden.

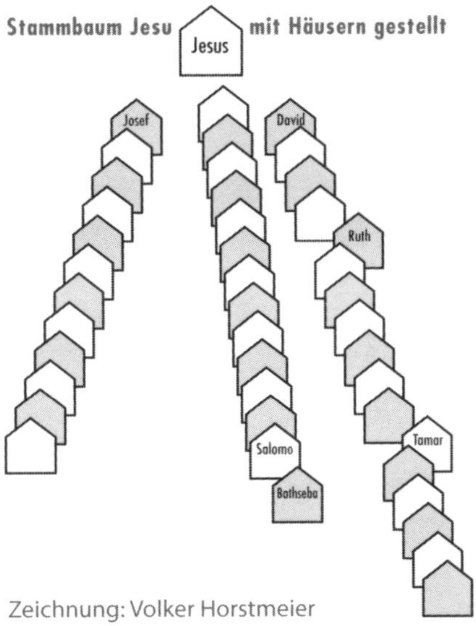

Zeichnung: Volker Horstmeier

1. Advent

Häuschen wie einen Stammbaum legen. Zuerst legen wir mit den Kindern abwechselnd den eigenen Stammbaum. Wenn man das in der Gruppe gemeinsam macht, kann es passieren, dass die Familienformen nicht mehr einheitlich sind. Durch Scheidung der Eltern hat ein Kind dann zwei Mütter, oder vier Opas …
Im zweiten Durchgang: Den Stammbaum Jesu mit den drei Strängen legen. Man kann auch die Häuschen wie Dominosteine hintereinanderstellen; die Frauen herausstellen, dann fallen sie nicht um!

2. Advent

Häuschen werden für den Gottesdienst an Heiligabend hergestellt und gestaltet: mit einem Stempelaufdruck »Frohe Weihnachten in allen Häusern« oder individuell bemalen und verzieren.

3. Advent

Gebraucht werden Häuschen für Josef und für Maria: Gesichter aufmalen (mit Fineliner), Klebeetiketten zuschneiden.
Die Geschichte mit den Häuschen spielen. Auf die Klebeetiketten schreiben oder malen, welche Gedanken Maria bewegen und was Josef denkt und träumt. Man kann immer neue Etiketten beim Fortgang der Geschichte übereinanderkleben. Am Ende werden vier Häuschen zu einem Ganzen zusammengesetzt: Josef bleibt bei Maria.

Maria hat eine große Neuigkeit und Josef reagiert

Josef schläft und träumt

Fotos: Volker Horstmeier

4. Advent

Häuser werden wie eine Stadt (Nazareth) gestellt. Die Häuschen werden wie ein Weg hintereinander gelegt. Bei jedem Häuschen kann man Gefühle, Gedanken, Befürchtungen von Josef und Maria benennen. Sie kommen in der anderen Stadt Bethlehem an.

Der Weg von Nazareth nach Bethlehem – mit Häusern gelegt

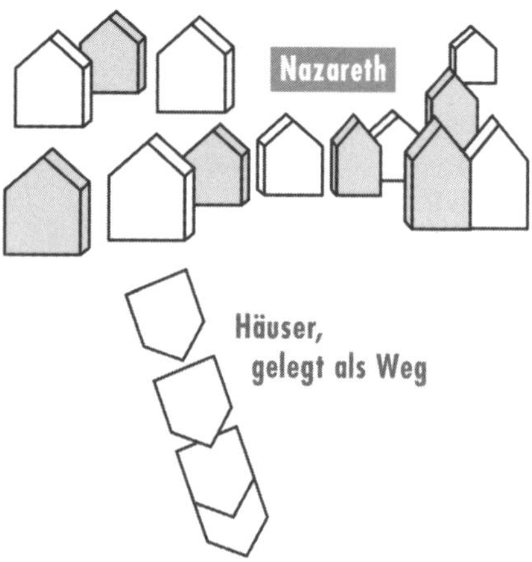

Zeichnung: Volker Horstmeier

Hl. Abend/-Christfest

Zwei Häuschen bekommen auf einer der oberen Seiten ein kleines Brett genagelt: der Stall. Ebenso wird ein Stall der Hirten gebaut. In der Ferne mit weiteren Häuschen die Stadt Bethlehem. Mit kleinen Filzfiguren wird die Krippenszene dargestellt.

1. Sonntag nach Weihnachten

Häuschen werden übereinandergestellt – der Palast des Herodes. Wieder werden die Häuschen wie ein Weg gelegt nach Ägypten hin und zurück nach Galiläa/Nazareth.

Stichworte:
Josef, Geburt Jesu, Traum, Holzarbeit, Jungen

Volker Horstmeier

Register

I. Bearbeitete Bibelstellen

II. Lieder (die mit Noten abgedruckt sind)

III. Thematische Stichworte

IV. Liturgische Texte/Aktionen

Zusammenkommen – sich Gott zuwenden

Hören und antworten

Feiern-Teilen

Sendung – Segen

Symbole

 Basteln

 Werken

 Essen

 Bibel

 Malen

 Musik

 Spielen

 Theater

 Theologisierendes Gespräch

 Gestalten mit Gegenständen

 Miteinander – aneinander

 Material im Internet